# Hi there !

## Workbook

## Anglais 6e

PALIER 1 • ANNÉE 1

NIVEAU A1 → A1+


**Auteurs**

**Laurent DUQUESNEL**
Professeur au collège Yves le Bec de Rohan
Formateur Académie de Rennes

**Vincent GENEAU**
Professeur au collège Albert Ball d'Annœullin
Formateur Académie de Lille

**Pascale LECLERCQ**
Maître de Conférences en Linguistique
Université Paul Valéry Montpellier 3

**Philippe ROBINEAU**
Professeur au collège Liberté de Chevilly-La Rue
Formateur Académie de Créteil

**Catherine WINTER**
Professeur à l'IUFM Nord-Pas de Calais
Académie de Lille

**Sous la direction de**

**Daniel LECLERCQ**
IA-IPR
Académie de Montpellier

**Coordination**

**Catherine WINTER**
Professeur à l'IUFM Nord-Pas de Calais
Académie de Lille


éco responsable
Bordas

Place chaque étape de la chasse au trésor des cousins sur la carte !

ISBN 978-204-732893-4

# Sommaire


**Basics** ........ p. 4
**Word flower** ........ p. 10

**Unit 1 Nice to see you!**
- Lesson 1 ........ p. 11
- Lesson 2 ........ p. 17

**Word flower** ........ p. 23

**Unit 2 Meeting up**
- Lesson 1 ........ p. 24
- Lesson 2 ........ p. 30

**Word flower** ........ p. 36

**Unit 3 My school**
- Lesson 1 ........ p. 37
- Lesson 2 ........ p. 43

**Word flower** ........ p. 49

**Unit 4 Be responsible!**
- Lesson 1 ........ p. 50
- Lesson 2 ........ p. 56

**Word flower** ........ p. 62

**Unit 5 Food in the UK**
- Lesson 1 ........ p. 63
- Lesson 2 ........ p. 69

**Word flower** ........ p. 75

**Unit 6 A day to remember!**
- Lesson 1 ........ p. 76
- Lesson 2 ........ p. 83

**Word flower** ........ p. 90

**Unit 7 Take a break!**
- Lesson 1 ........ p. 91
- Lesson 2 ........ p. 97

**Word flower** ........ p. 103

**Unit 8 You've got talent!**
- Lesson 1 ........ p. 104
- Lesson 2 ........ p. 111

**Word flower** ........ p. 118

**Unit 9 Let's go shopping!**
- Lesson 1 ........ p. 119
- Lesson 2 ........ p. 127

**Word flower** ........ p. 133

**Epilogue**
- Safari final comes to London ........ p. 134

**Word flower** ........ p. 139

- Phonetic zoo ........ p. 140

# Pick and choose

➔ Book p. 12-13

**TIPS** As-tu remarqué ?
En anglais 1 = I
7 = 7

## 1 Counting

**b.** **Fill in the charts.**

| | |
|---|---|
| 1 | one |
| .... | two |
| 3 | .............................. |
| 4 | four |
| 5 | .............................. |
| 6 | six |
| 7 | **seven** |
| 8 | .............................. |
| 9 | nine |
| .... | ten |
| .... | **ele**ven |
| .... | twelve |

| | |
|---|---|
| 13 | thir**teen** |
| 14 | four.............. |
| 15 | fif.............. |
| 16 | six.............. |
| 17 | **seven**.............. |
| 18 | eigh.............. |
| 19 | .............................. |
| .... | **twen**ty |
| 21 | **twen**ty-one |
| 22 | **twen**ty-.............. |
| .... | ..............three |
| 24 | twenty-.............. |

| | |
|---|---|
| 25 | twenty-five |
| .... | twenty-.............. |
| 27 | ..............seven |
| 28 | twenty-eight |
| 29 | .............................. |
| 30 | **thir**.............. |
| 40 | **for**.............. |
| 50 | **fif**.............. |
| .... | .............................. |
| 70 | **seven**.............. |
| 80 | .............................. |
| 90 | .............................. |
| 100 | .............................. |

**c. Find the mysterious object.**

**1.** Listen and circle the numbers you hear. Then join them up to complete the object.

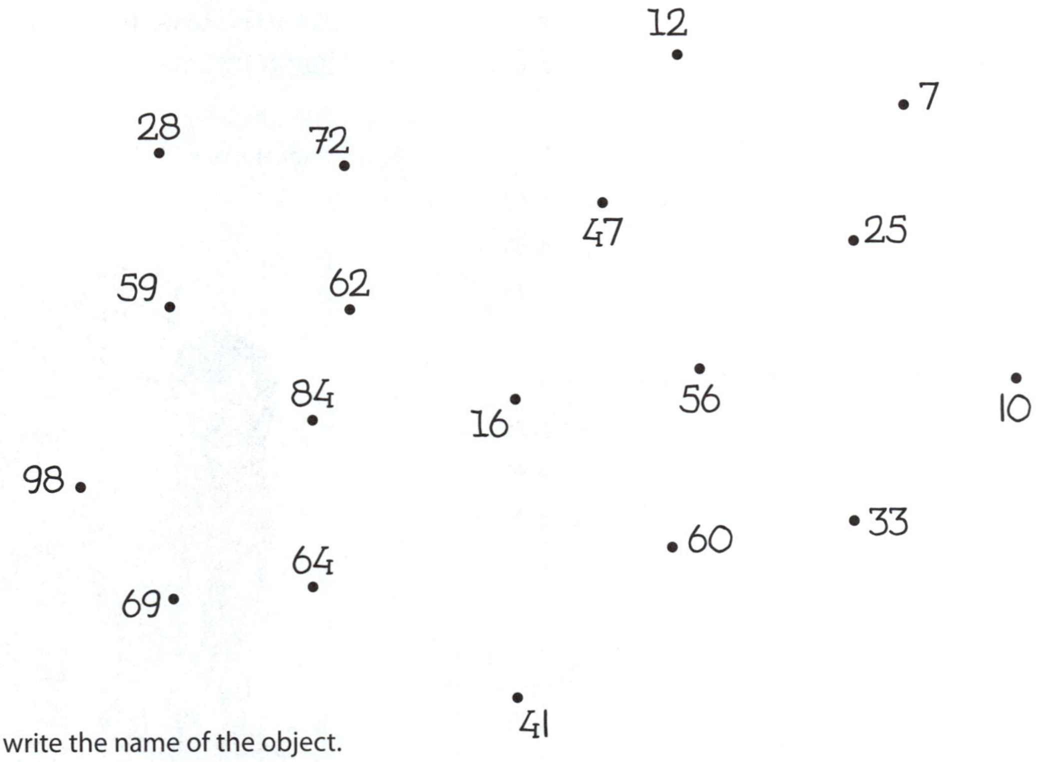


**2.** Now write the name of the object.

The mysterious object is .....................................

## 2 Telling the time

What time is it? Fill in the blanks.

## 3 The English alphabet

**c.** Now play the spelling game with a classmate. Change roles.

| **Pupil A:** Choose 3 words and spell them to your classmate. | **Pupil B:** Write the words you hear. |
|---|---|
| English, pupil, alphabet, book, thirteen, seventy, four | |
| **Pupil A:** Write the words you hear. | **Pupil B:** Choose 3 words and spell them to your classmate. |
| | ninety, fifteen, workbook, eight, teacher, highlighters, pencil |

## 4 Months and seasons

Elève-audio / Classe 1-6

**a.** **Listen to the months of the year, underline the stressed syllable (*souligne la syllabe accentuée*) and repeat.**

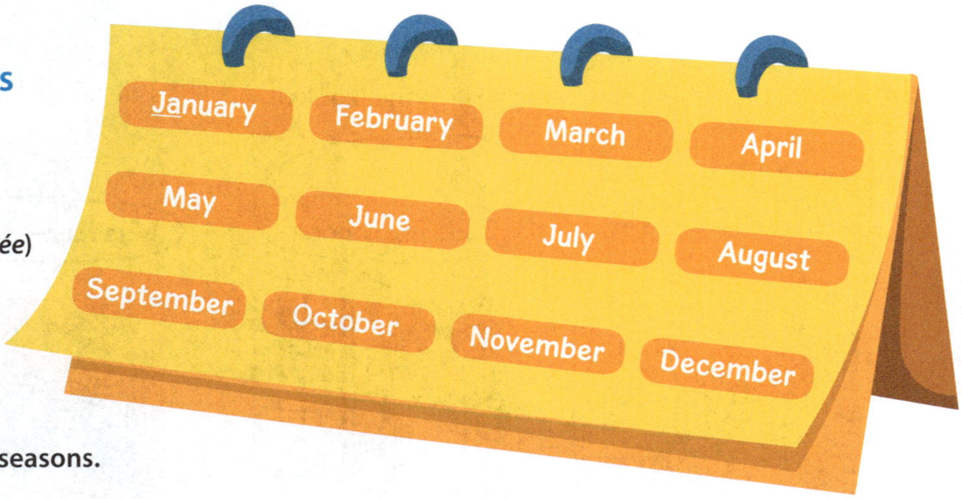


**c.** **Match months and seasons.**

| | |
|---|---|
| January • | |
| April • | • spring |
| June • | |
| September • | |
| December • | • summer |
| February • | |
| May • | • autumn |
| March • | |
| July • | • winter |
| August • | |
| October • | |
| November • | |

**TIPS** *We all know January is in winter.*

As-tu remarqué ?
En anglais les mois prennent une majuscule mais pas les saisons.

➡ Précis p. 152

## 5 The weather

Elève-audio / Classe 1-8

**a.** **Listen to the weather forecast and complete the map. Use the symbols in your book.**

# Come into the classroom! ➜ Book p. 14-15

## 1 School things

**a.** **Fill in the blanks with a, an or Ø.**

........ diary
........ English book
........ orange highlighter
........ pink rubber
........ exercise book
........ rulers
........ stick of glue
........ pencil case
........ scissors
........ pens

**c. What's in Katie's school bag?**

Élève-audio · Classe 1-10

**1.** Listen and tick the right answer.

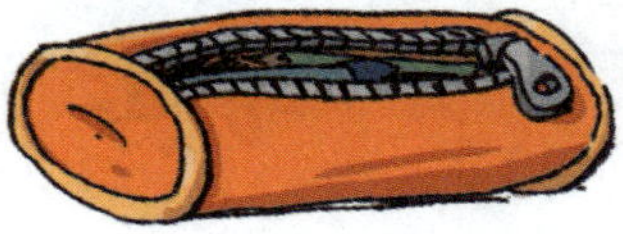 ☐
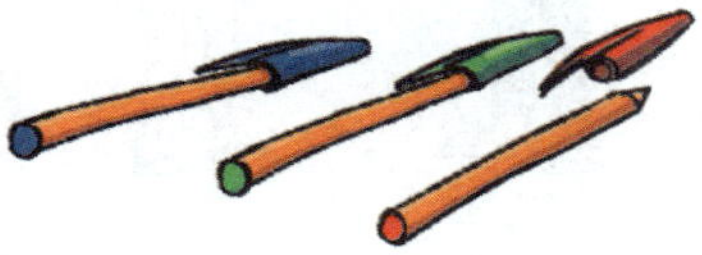 ☐
 ☐
 ☐
 ☐
 ☐
 ☐

 ☐

 ☐
 ☐

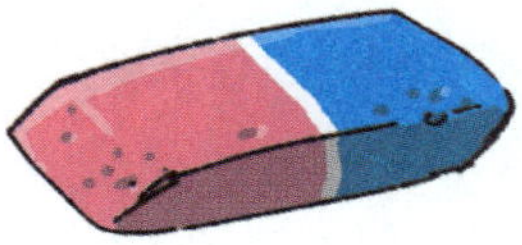 ☐
 ☐

**2.** What's missing?

........................................................................................................................

**d.** **Now list the school things in your bag.**

In my bag, I've got a diary, ..........................................................................................

........................................................................................................................

........................................................................................................................

# Come into the classroom!

## 2 Instructions

Elève-audio 2 · Classe 1-11

**a. Listen to the instructions and write the corresponding number under the pictures. Then, with the help of your teacher, write the instructions.**

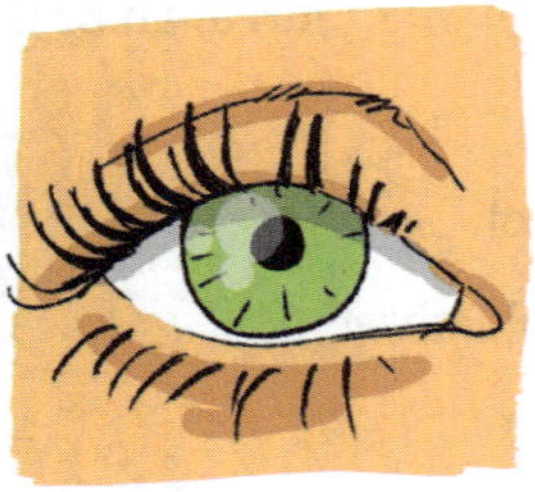

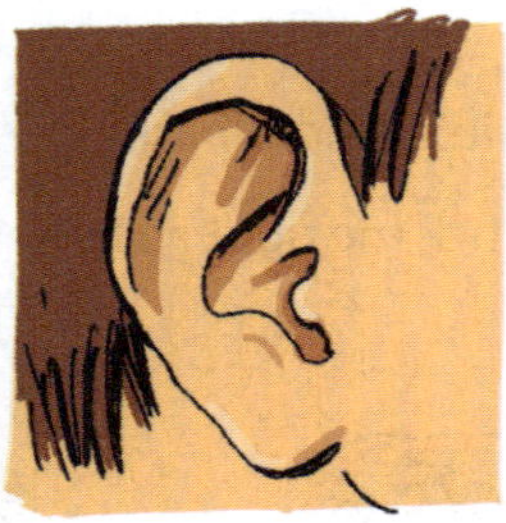

**b.** 1. Follow the instructions.

- *Tick or cross.*

  London is in Ireland. ❑

  New York is in the USA. ❑

- *Circle the name of a city.*

  New York is in the USA.

- *Underline the name of a country.*

  New York is in the USA.

- *Match each city with the right country.*

| | |
|---|---|
| PARIS • | • CANADA |
| DUBLIN • | • FRANCE |
| TORONTO • | • IRELAND |

**b.** 2. Check your answers in the encyclopedia or on www.kids.britannica.com

## 3 Classroom communication

**b. Put the words in the correct order. Then, write the requests in the right speech balloons.**

understand./I/don't
window/the/close/I/can/?
speak up/please/you/can/?

can/clean/board/the/I/?
don't/I/know.

I'm/I'm/late./sorry
switch on/light/can/please/I/the/?

## Your mini-challenge!

Write the rules of the English class.

Coche ce qui est autorisé en classe,
puis écris les règles de la classe en anglais.

Tu peux bien sûr en inventer d'autres !

*Speak English!* ..................................................

..................................................

*Don't* ..................................................

..................................................

**1.** Écris les mots que tu as appris dans le bon pétale.

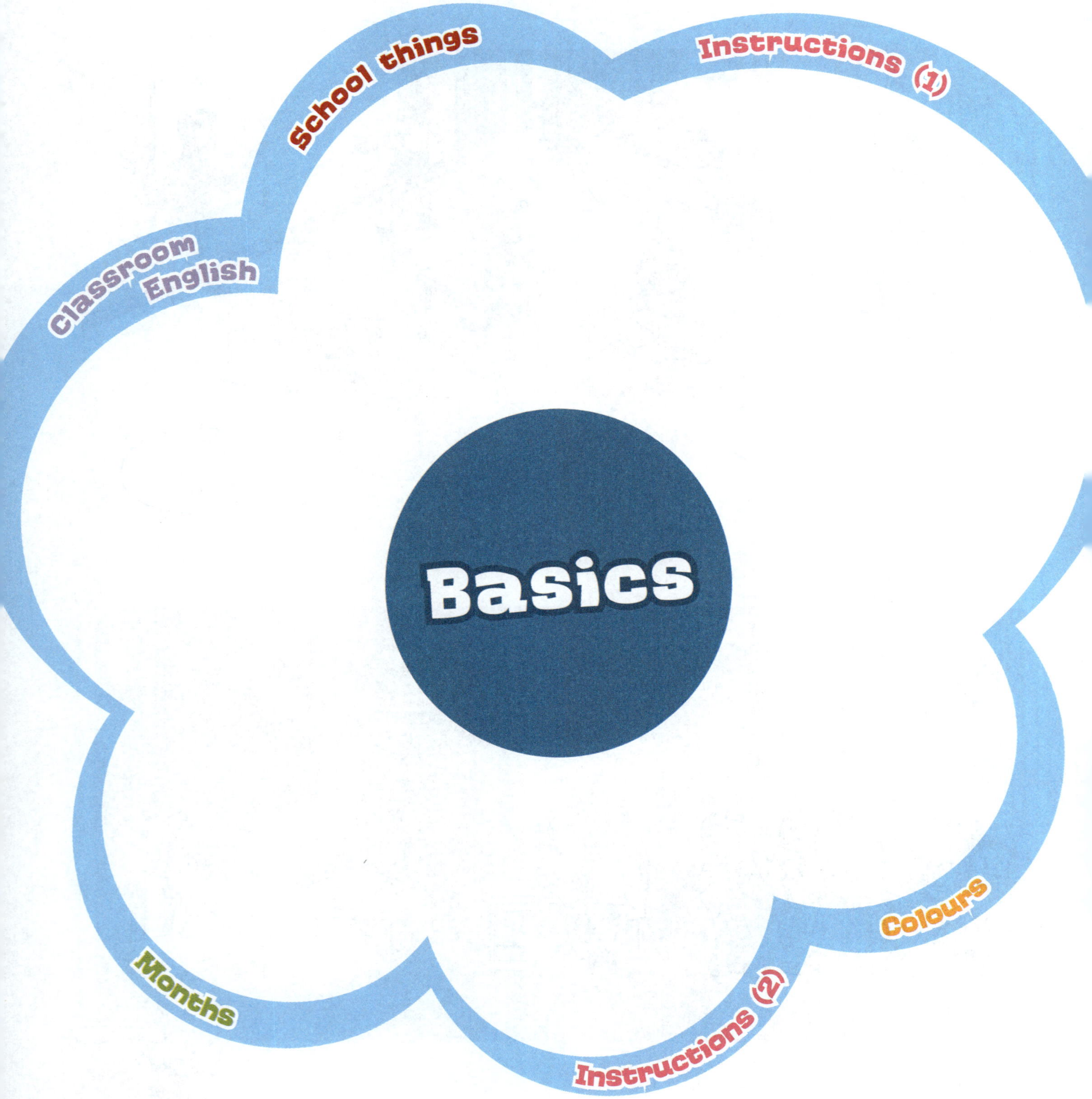


**2.** Tu choisis une lettre et ton voisin en choisit une autre. En 2 minutes, trouvez le maximum de mots contenant l'une ou l'autre lettre choisie. Le vainqueur est celui ou celle qui a trouvé le plus de mots correctement orthographiés.

## Meet my family! ➡ Book p. 16

Élève-audio · Classe 1-13

**a.** Listen to the song and match the words with the right sound animals.
name – Katie – family – brother – cousin – Jack

| /æ/ | /eɪ/ | /ʌ/ |
|---|---|---|
|  |  |  |
| .................... | .................... | .................... |
| .................... | .................... | .................... |

**b.** Write the words in your Phonetic zoo. ➡ WB p. 140

**c.** Now sing along!

## Lesson 1 Meet Jack!

Audio · Cousins : Episode 1

### Understanding

Élève-audio · Classe 1-16 ➡ Book p. 19

### 2 Identify the situation.

.................... .................... .................... ....................

**a.** Listen to the names and write them under the correct pictures.

**b.** What's the connection between Jack and Stevo?

They are ..............................

**c.** Where are they from?

City: ........................ Country: ........................

**TIPS** Les adjectifs de nationalité commencent par une majuscule.
➡ Précis p. 155

### 3 Find more clues.

**a.** Fill in the chart.

| | Jack | Stevo | Sarah | James | Stevo's parents |
|---|---|---|---|---|---|
| |  |  |  |  |  |
| nationality | .................... | .................... | .................... | .................... | .................... |
| activity | .................... | .................... | .................... | | .................... |

**b.** **Match the characters with the correct adjectives.**

| | | | |
|---|---|---|---|
| | | • | fantastic |
| Sarah | • | • | fabulous |
| James | • | • | cool |
| Stevo's parents | • | • | great |
| | | • | fine |
| | | • | funny |

## 4 Go further.

**a.** **Listen to the conversation again and circle what you hear.**

| | |
|---|---|
| I'm the boy in red shorts. | I'm the boy in blue shorts. |
| Yeah, it's a Shark CW17. | Yeah, it's a Shark CW70. |
| Jack, Stevo, you're OK. | Jack! Stevo! Are you OK? |
| Find us, mum! | We're fine, mum! |
| He's not British. | She is British. |
| My parents is Indonesian. They're cool. | My parents are Indonesian. They're not cool. |

**b.** **Use the sentences above to fill in the chart.**

| | | |
|---|---|---|
| I | am | .................. |
| you | .................. | 're |
| he/she/it | is | .................. |
| we | are | .................. |
| they | .................. | .................. |

**c.** **Fill in the blanks.**

**Steve:** Hey, Jack, is it [.........] new ..................?

**Jack:** This is my mum, [.........] name is Sarah ..................

That's [.........] dad, he's great, but he can't .......... [.........] name's James.

**Steve:** My parents are Indonesian. [.........] favourite sport is badminton.

**Jack:** We live in Sydney, it's a .................. city. It's [.........] city.

**Observe les mots encadrés.**

Ces mots sont appelés des possessifs car ils servent à ..............................................................................

Regarde plus attentivement la 2e et la 3e phrases et complète la règle.

En anglais, on utilise .......... quand le possesseur est féminin et .......... quand le possesseur est masculin.

## Speaking

Book p. 19

## 6 Pronunciation

*This is my mum, her name is Sarah Wilson. She's fantastic. She can play tennis very well. She's English. And that's my dad: he's great, but he can't surf. His name's James. He's not British. He's Australian.*

**a. Écoute et repère la prononciation de *he's*, *his* et *is*.**

**1.** Choisis la prononciation correcte des mots soulignés ci-dessus.

| | | |
|---|---|---|
| he's • | | |
| his • | | • /ɪz/ |
| is • | | • /hɪz/ |

**2.** Place ta main devant ta bouche et répète *his* and *he's*. Sens-tu l'air passer sur ta main ?

**SOUNDS**

En anglais, il faut expirer très fort pour prononcer le son « h ».

**b. Adjectifs de nationalité en *-an*.**

**1.** Observe et remplis le tableau.

| personnages célèbres | nom de pays | adjectif de nationalité |
|---|---|---|
| Barak Obama/Johnny Depp | .................... | American |
| Charlize Theron/Nelson Mandela | South Africa | .................... |
| Jim Carrey/Justin Bieber | .................... | Canadian |
| Hugh Jackman/Tina Arena | Australia | .................... |
| The Pumas/Diego Maradona | .................... | Argentinian |

**2.** Écoute et vérifie tes réponses puis, pour chaque adjectif, souligne la syllabe accentuée comme dans l'exemple du tableau.

**3.** Entoure l'animal phonétique qui correspond à *-an*.

**4.** Répète les adjectifs de nationalité du tableau ensuite complète la règle.

> **Lorsque les noms de pays se terminent par la lettre ....., on ajoute ..... à la fin pour former les adjectifs de nationalité.** Attention aux exceptions comme : Canada → ...................., Argentine → .....................
>
> Le *-an* final se prononce toujours avec le son de ....................
>
> À l'écrit, les adjectifs de nationalité commencent toujours par une ....................

## 7 Act out extracts from the dialogue.

**Fais attention à bien prononcer *he's/his* et les adjectifs de nationalité.**

**a.** This is my mum, her name is Sarah Wilson.

**b.** She's fantastic. She can play tennis very well. She's English.

**c.** And that's my dad: he's great, but he can't surf.

**d.** His name's James. He's not British. He's Australian.

## Reading

Book p. 19

### 8 Look at the passports.

**c. Fill in the chart below with the missing ordinal numbers.**

| | | | | | |
|---|---|---|---|---|---|
| $1^{st}$ | first | $12^{th}$ | .................. | $22^{nd}$ | .................. |
| $2^{nd}$ | second | .......... | thirteenth | .......... | twenty-third |
| $3^{rd}$ | .................. | .......... | fourteenth | $24^{th}$ | .................. |
| .......... | fourth | $15^{th}$ | .................. | .......... | twenty-fifth |
| $5^{th}$ | .................. | .......... | sixteenth | .......... | twenty-sixth |
| .......... | sixth | $17^{th}$ | .................. | .......... | twenty-seventh |
| .......... | seventh | .......... | eighteenth | $28^{th}$ | .................. |
| $8^{th}$ | .................. | .......... | nineteenth | .......... | twenty-ninth |
| $9^{th}$ | .................. | .......... | twentieth | $30^{th}$ | .................. |
| .......... | tenth | $21^{st}$ | .................. | .......... | thirty-first |
| .......... | eleventh | | | | |

## Practising is fun!

Book p. 20

### 3 Who is your favourite star?

**b. Do you know them? Fill in their identity cards.**

First name: Lionel
Last name: Messi

**Nationality:** ..................................

**Date of birth:** ..................................

**Age:** ..................................

**Activity:** ..................................

First name: Robert
Last name: Pattinson

**Nationality:** ..................................

**Date of birth:** ..................................

**Age:** ..................................

**Activity:** ..................................

First name: Marion
Last name: Cotillard

**Nationality:** ..................................

**Date of birth:** ..................................

**Age:** ..................................

**Activity:** ..................................

English – American – Argentinian – French

September $30^{th}$ 1975 – September $4^{th}$ 1981 – June $24^{th}$ 1987 – May $13^{th}$ 1986

singing and acting – playing football – acting and playing music – acting

# Grammar is easy!

➾ Book p. 21

## 1 Pronoms sujets

**Remplace les mots soulignés par le pronom sujet correspondant et complète la phrase.**

Ex. *<u>Sophie and Laura</u> are English → They're English.*

1. <u>Andrew</u> is Australian. ..........
2. <u>Bruce</u> is Andrew's brother. ..........
3. <u>Andrew, Stacy and Bruce</u> are brothers and sisters. ..........
4. <u>Stacy</u> is fantastic. ..........

## 2 Adjectifs possessifs

**Complète le tableau avec le possessif correspondant au propriétaire de l'objet.**

| I | Phil | Nick & Sam | Sophie | I + you | You |
|---|---|---|---|---|---|
|  |  |  |  |  |  |
| my cat | .......... | .......... | .......... | .......... | .......... |

## 3 *Be* au présent simple

**Fais la connaissance d'Andrew en complétant la bulle avec les formes de *be* et les possessifs.**

"Hello ! I ..... Andrew the Kangaroo.
I ..... Australian and I live in Sydney.
My birthday ...... on Australia Day.
Australia Day ...... on January 26th.
I have got one brother: his name
...... Bruce. I have got one sister:
her name ...... Stacy. They .......
fantastic! We ...... a nice family.
And you? What ..... your name?"

## On your own

## 1 Fun with words

**Regarde le drapeau et indique la nationalité de chaque personnage.**

Hi ! I'm Josh.
I'm ..............................

Hello ! Our names are Arthur and Edouard.
We're ..............................

Hey there !
My name's Alba and
I'm ..............................

Hi ! I'm Emma
and I'm
..............................

## 2 Fun with sounds

Élève-audio — Classe 1-21

**Répète la phrase suivante plusieurs fois sans bafouiller !**

Hairy Harry has his hand on his heart.

## 3 Fun with grammar ➔ Book p. 25

**a. Barre les propositions qui ne correspondent pas à l'illustration.**

1. **Andrew** likes his sister./Andrew likes her **sister**.
2. Her sister is **cute**./His sister **is** cute.

3. Bob is happy about her new **car**. Bob is **happy** about his new car.
4. Bob goes **to** his office at 9.00. Bob goes to her **office** at 9.00.

5. Sandra is happy to **meet** her new friends./Sandra is happy to meet his **new** friends.
6. She made a cake for it./She made a cake for **you**.

**b. Maintenant recopie les mots en gras des phrases correctes et retrouve le message caché!**

Andrew ..............................................................................................

# Lesson 2 Meet Tom and Katie! Audio

Cousins : Episode 2

## Understanding

Élève-audio Classe 1-22 → Book p. 23

### Go further.

**3** **a.** **Fill in the chart with the words you hear then circle the right picture.**

| | |
|---|---|
| name | |
| connection to Tom | |
| age | |
| eyes | |
| hair | |
| description (circle the right adjectives) | happy crazy lazy sorry funny pretty |

**b.** **What do you learn about the pets?**

**1.** Match the characters with their pets.

> **TIPS** As-tu remarqué ? Les animaux sont les mêmes que ceux du *Phonetic zoo.* → WB p. 140 N'oublie pas de le compléter régulièrement.

**2.** Listen again to the end of the dialogue and fill in the blanks.

**Part 1**

**Jack:** I can see a little .............. on the photo. Whose dog is it?

**Tom:** It's Katie....... pet, ..............

**Part 2**

**Tom:** She....... also .............. a ..................... It is called .............., of course. .............. you .............. a pet?

**Jack :** No, I ...............

**Part 1**

**Que veut savoir Jack quand il demande « Whose dog is it? ». Aide-toi de la réponse de Tom.**

.......................................................................................................................................

**Qu'en conclus-tu sur *whose* ? Complète la règle :**

**Whose** est suivi d'un ........................ En règle générale, il sert à poser une ........................

sur ........................ Observe la réponse de Tom et conclus :

Quand quelque chose ........................ à quelqu'un, on utilise ........ entre ce qui est possédé et le possesseur. C'est le cas possessif.

**Part 2**

**Observe les répliques de Jack et Tom et complète la règle.**

Pour indiquer que quelqu'un possède quelque chose, on utilise ................................

À l'oral, on utilise surtout la forme contractée: I ........................, he/she ........................

Lorsqu'on pose une question, ........................ passe ........................ le sujet.

## Practising is fun!

Book p. 24

### 1 Make a survey.

**a.** **Ask two classmates about their families and pets, then fill in the chart.**

| Have you got ...? | brothers? | sisters? | cousins? | pets? |
|---|---|---|---|---|
| Sophie | 1 | 0 | 2 | 1 (a cat) |
| | | | | |
| | | | | |

### 3 Describe your family.

**b.** **Write a description of your family.**

My mum's name is ........................................................................................

My mum has got ........................................ and ........................................

My father ........................................................................................

I've got ........................................ brother(s)/sister(s).

.......................................................................................................................................

.......................................................................................................................................

.......................................................................................................................................

# Grammar is easy!

Book p. 25

## 1 Cas possessif

**a.** **À qui appartiennent ces objets ?**

a magic wand

a fast car

a tennis racket

a microphone

a football

Ex: *It's Harry Potter's magic wand.*

..........................................................................................

..........................................................................................

..........................................................................................

..........................................................................................

**b.** **Entraîne-toi à écrire les questions que tu pourras poser à tes camarades à propos des images ci-dessus.**

Ex. *Whose wand is it?*

..........................................................................................

..........................................................................................

..........................................................................................

..........................................................................................

..........................................................................................

..........................................................................................

..........................................................................................

..........................................................................................

Culture page

# Happy families?

➜ Book p. 26-27

## A. The Incredibles

Who are Bob, Dash, Violet and Helen for Jack Jack? Write sentences to explain the family ties.

Bob is Jack Jack's father. ........................................

..........................................................................

Helen ..........................................................

..........................................................................

Jack Jack

Dash ..........................................................

..........................................................................

Violet ..........................................................

..........................................................................

## B. The Royals

**1. Play the family tree game.**

Read the description and fill in the blanks with the missing name.

He was born in summer. His birthday is in June. His father is Charles and his mother is Diana. He's got a brother. His brother's name is Harry. He is .............................. .

Prepare your challenge

**2. Write five sentences about a member of the British royal family.**

..........................................................................................................................................

..........................................................................................................................................

..........................................................................................................................................

..........................................................................................................................................

..........................................................................................................................................

**4. What are the Queen's favourite pets?**

a. Break the code and find the answer.
Code: A = 1, B=2 → H =8.

| | | | | | | |
|---|---|---|---|---|---|---|
| 3 | 15 | 18 | 7 | 9 | 5 | 19 |
| C | | | | | | |

# Your challenge!

Book p. 27

## ME

First name: ...

Last name: ...

Nationality: ...

Age: ... Date of birth: ...

Favourite activities: ...

Parents (names + physical description) :

...

...

Brothers and sisters (number, ages) :

...

...

Pets: ...

## MY CLASSMATE

First name: ...

Last name: ...

Nationality: ...

Age: ...

Date of birth: ...

Favourite activities: ...

Parents (names + physical description) :

...

...

Brothers and sisters (number, ages) :

...

...

Pets: ...

## 1 Fun with words

**A l'aide de la description ci-dessous, complète l'arbre généalogique de Ian.**

Hi, my name's Ian. My grandparents on my mother's side are Judith and Alfred. On my father's side, they are Deirdre and Patrick. My mum's got a lovely name: Annie and my father's name is Dominic. I've got a baby sister, Kelly and John is my big brother.

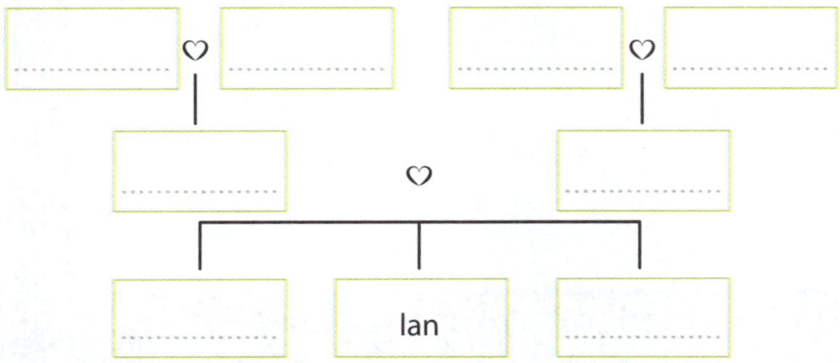


## 2 Fun with sounds

**a. Écoute la comptine et apprends-la.**

Élève-audio — Classe 1-25

This is a little *girl*
And she's got a little curl.

When she is *good*,
She's very, very good

But when she is *bad*,
She's terribly bad.

**b. Mets les mots en italiques dans ton *Phonetic zoo.*** ➡ WB p. 140

## 3 Fun with grammar

➡ Book p. 25

**Andrew et son ami Will le Wombat échangent des informations sur leurs stars préférées. Corrige les erreurs qui se sont glissées sur cette copie d'écran.**

| | |
|---|---|
| WILL | Who's your favourite actor? |
| ANDREW | I think it's Will Smith. |
| WILL | Will? Just like me… lol. ☺<br>What does he look like? |
| ANDREW | He hasn't got short dark hair.<br>……………………<br>And he's very funny. |
| WILL | Has gots he brown eyes?<br>…………………… |
| ANDREW | No! He's got blue eyes. ……………<br>He was Agent J in *Men in Black*. |
| WILL | Oh yes, I know him. He's really great! |

**1.** Écris les mots que tu as appris dans le bon pétale.

**2.** Joue au pendu avec ton/ta camarade. Il/elle choisit un mot. Tu donnes des lettres en anglais et il/elle te dit « Yes » ou « No ».

___ ___ ___ ___ ___

# Unit 2 • Meeting up

## Hello, who are you? Book p. 28

Élève-audio · Classe 1-26

**a.** Look at the final word of each line and complete the rhyming pattern of the poem.

aaa ...b.... c........ .......d

**b.** Find the rhyming sounds a, b, c and d and their phonetic animals.

| | | | | |
|---|---|---|---|---|
| phonetic animal | ........................ | ........................ | ........................ | ........................ |
| spelling | ...ne | ...n | ...nce | ...n |

**c.** Now repeat the poem!

## Lesson 1 Come and join us! Video or Audio

### Understanding

Élève-vidéo · Classe 1-28 Book p. 31

### 3 Identify the situation.

**a.** Match the photos of the characters in the video with the right first and last names.

| | | |
|---|---|---|
|  • | • Steve • | • Jones |
|  • | • Jimmy • | • Smith |
|  • | • Ben • | • Williams |
|  • | • Monica • | • ? |
|  • | • Tracy • | • Harris |

**b.** Tick the right answers.

They are
- ❑ in an amusement arcade.
- ❑ at school.
- ❑ at a club for young boys and girls.

- ❑ in Manchester.
- ❑ in Glasgow.
- ❑ in Sutton (near London).

## 4 Find more clues.

**a. Listen again and fill in the member cards.**

SUTTONS CLUB

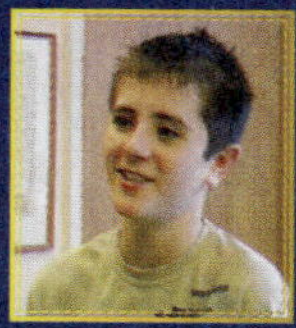

First name: ..........
Last name: ..........
Age: ....
Address: .... Chester Road, LONDON
Phone number: ..........
City of origin: ..........

SUTTONS CLUB

First name: ..........
Last name: ..........
Age: ....
Address: .... Mill Road, LONDON
Phone number: ..........
City of origin: ..........

**b. Find the questions the assistant asks.**

First name/last name ..........................................................................................

Age ..........................................................................................

Address ..........................................................................................

Phone number ..........................................................................................

City of origin ..........................................................................................

**c. Listen again to Monica and Steve.**

1. Complete the dialogue.

"And ........................ are you **from**?"

"My ........................'s **from** ........................ – **from** ........................."

2. Now pay attention to the pronunciation of **from** and copy the sentences in the right columns.

| | |
|---|---|
|  /ɒ/ |  /ə/ |
| .............................................................. | .............................................................. |

## 5 Go further.

**a. Listen again, fill in the blanks and find the problem.**

"Hi, you lot. Here I ......................!"

"Yes, and you're ......................."

"......................?"

"Yes, Jimmy, ............................!"

**TIPS**

*Hi! you lot!*

C'est une expression familière.
Jimmy salue ici de son groupe d'amis.

**b.** Now tick the correct picture and complete the sentence to describe the situation.

☐ ☐ ☐

It is picture ........ because Jimmy is ......................

**Relis les questions que tu as repérées en 4b et complète.**

Pour demander l'âge, on utilise .....................

Pour demander une information, on utilise .....................

Pour poser une question sur le lieu, on utilise ..................... et pour demander d'où vient quelqu'un ou quelque chose, on ajoute ..................... à la fin de la question.

## Speaking

Élève-vidéo · Classe 1-30-31 → Book p. 31

### 7 Pronunciation

**Écoute cet extrait et souligne les syllabes les plus accentuées (prononcées plus fortement).**

**Monica:** Thanks, Tracy.

**Tracy:** That's OK. Oh sorry – what's your name again?

**Monica:** Oh, I'm Monica, Monica Harris.

### 8 Act out extracts from the dialogue.

**a.** Répète le dialogue ci-dessus en imitant Tracy et Monica.

**b.** Réécoute les dialogues 1, 2 et 3 ci-dessous et souligne les syllabes accentuées.

**c.** Maintenant joue-les avec tes camarades. Imitez l'accentuation (n'ayez pas peur d'exagérer !).

**Dialogue 1**

**Monica:** Where are you from? Which city?

**Ben:** Manchester

**Dialogue 2**

**Steve:** My family's from Scotland – from Glasgow.

**Monica:** But now you're in London

**Steve:** Yes, that's right.

**Dialogue 3**

**Jimmy:** Hi! You lot. Here I am!

**Tracy:** Yes, and you're late.

**Jimmy:** Late?

**Ben:** Yes, Jimmy, late again!

**Jimmy:** Oh no!

## Reading

Book p. 31

### 9 The Glee club

**a.** What sort of club is it? ☐ a football club ☐ a youth club ☐ a school club

**b.** Say what the members can or can't do.

| | + | – |
|---|---|---|
| ………… | ………………………… | ………………………… |
| ………… | ………………………… | Finn can't dance. |
| ………… | ………………………… | ………………………… |
| Brittany | Brittany can dance. ………… | ………………………… |

On utilise *can* pour parler de ……………………………

On utilise *can't* pour parler de ……………………………

**c.** What about you? What can you do? What can't you do?

……………………………………………………………………

……………………………………………………………………

Élève-audio · Classe 1-33

**d.** Listen and tick the animals that correspond to *can* and *can't*.

☐ ☐ ☐ ☐

**Relis le texte et complète la règle :**

*Can't* a le son /ɑː/ de ………………

*Can* a le son /ə/ de ……………… quand il est suivi d'un autre verbe. Sinon *can* a le son /æ/ de ………… quand il est seul ou en début de phrase.

## Practising is fun!

Book p. 32

### 3 What's your phone number?

Ask your classmates their phone numbers and write them down in the chart.

| | | | | |
|---|---|---|---|---|
| Tracy's phone number is | 724 8216 | | ……………………'s phone number is | |
| ……………………'s phone number is | | | ……………………'s phone number is | |
| ……………………'s phone number is | | | ……………………'s phone number is | |

Practising is fun!

## 4 Your classmates

Prepare your challenge

Now interview three of your classmates and fill in the chart.

| | classmate 1 | classmate 2 | classmate 3 |
|---|---|---|---|
| name | | | |
| age | | | |
| address | | | |
| phone number | | | |
| town/city | | | |
| can | | | |
| can't | | | |

# Grammar is easy!

Book p. 33

## 1 *Can*

**À l'aide des éléments fournis, construis des phrases négatives (-) affirmatives (+) ou interrogatives (?). N'oublie pas les majuscules et la ponctuation.**

Ex. *Andrew – swim – can (-) → Andrew can't swim.*

1. can – Sophie – sing very well (+) ..........
2. Caroline – surf – can (?) ..........
3. Julian – play tennis – can (/-) ..........
4. Rob – can – play the piano (?) ..........

## 2-3 Questions en *Wh-* et *from*

Prepare your challenge

**a.** **Entraîne-toi avec Andrew the kangaroo ! Complète le dialogue entre toi et Andrew avec *from* et les mots-questions.**

**You:** Hello everyone ! This is Andrew the kangaroo. He is .................... Australia. Andrew, .................... are you?

**Andrew:** I'm 12. And you, .................... are you?

**You:** I'm .......................................... .

**Andrew:** ....................'s your name?

**You:** My name's .......................................... .

**Andrew:** And .................... are you .................... ?

**You:** I'm from .......................................... .

**b.**

1. **Présente Andrew à tes camarades.**
2. **Tu peux aussi leur présenter un proche (ami/e, frère/sœur, cousin…)**
3. **Maintenant, présente-toi.**

## 1 Fun with words

**Retrouve les mots qui manquent dans ces phrases pour compléter la grille.**

**ACROSS (horizontalement)**

2. Tracy, Ben and Steve are members of Suttons .................. .
4. ............... is a big city in Scotland.
6. His first name is Ben and his ................ is Jones.

**DOWN (verticalement)**

1. Monica asks Tracy questions and completes her ...................... .
3. Be a member of our club, ........ the club!
5. Jimmy is ......., again!

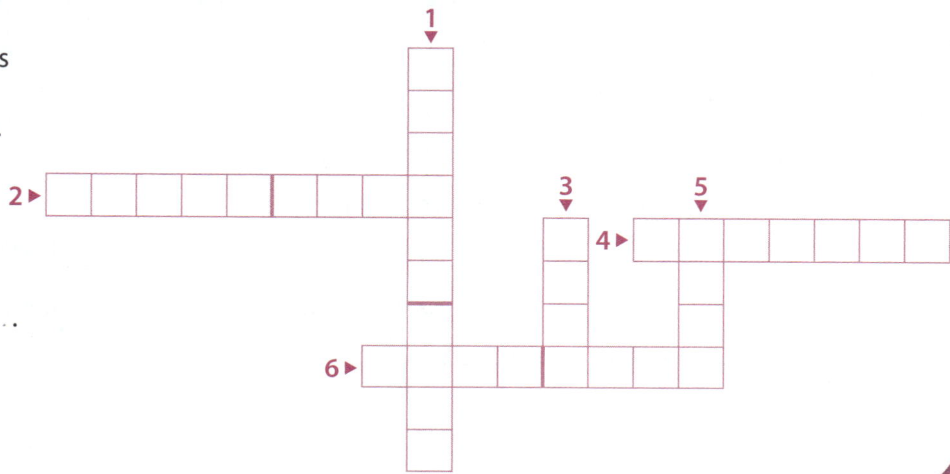


## 2 Fun with grammar

**Remets les étiquettes dans l'ordre.**

you | ? | where | are | from

..............................................................................

old | are | how | you | ?

..............................................................................

? | what | address | is | your

..............................................................................

what | name | is | ? | your

..............................................................................

number | ? | your | phone | is | what

..............................................................................

## 3 Fun with sounds

Élève-vidéo · Classe 1-34

**Réécoute Monica interroger Ben et Steve, puis recopie les mots de cette liste dans la bonne colonne.**

Monica – address – city – Manchester – Scotland – London – family –Glasgow

| Oo | oO | Ooo |
|---|---|---|
| ........ | ........ | ........ |
| ........ | ........ | ........ |
| ........ | ........ | ........ |
| ........ | ........ | ........ |
| ........ | ........ | ........ |

# Lesson 2 Jack is on his way

Audio

Cousins : Episode 3

## Understanding

Élève-audio Classe 1-35 → Book p. 35

### 2 Identify the situation.

**Tick the right number of voices and identify the people.**

**a.** I can hear ☐ 1 ☐ 2 ☐ 3 ☐ 4 ☐ 5 voices.

**b.** I can hear ☐ Jack ☐ Jack's mother ☐ the captain ☐ Jack's father ☐ a passenger ☐ the flight attendant

### 3 Find more clues.

**a. Places and time.**

**1.** Tick the names of the cities you hear.

☐ Sydney ☐ Bangkok ☐ Perth

☐ Dubaï ☐ New York ☐ London

**2.** Now complete the sentence.

Jack is on a plane from .................................. to ..................................

**3.** Circle the correct pictures.

**b. What's the weather like? Fill in the chart.**

| cities | .......................................... | .......................................... |
|---|---|---|
| | .......................................... | .......................................... |

### 4 Go further.

**a. How long is the flight? Circle the right answer.**

2 hours – 10 hours –

12 hours – 20 hours –

30 hours

**b. Listen again and fill in the blanks.**

"............... your ............... visit to England?"

"Yes, ..............."

"............... on holiday?"

"Yes and no. ............... spending a year with ............... in ..............."

# Speaking

Book p. 35

Élève-audio · Classe 1-37-38

## 6 Intonation

**a. Écoute à nouveau ces extraits du dialogue et indique si la voix monte ou descend en fin de phrase en entourant la bonne flèche.**

Is it long to London? ↘ ↗

Is it your first visit to England? ↘ ↗

Are you on holiday? ↘ ↗

> Dans les questions qui commencent par .......... ou .........., la voix ........................ à la fin de la phrase.
>
> Grace à l'intonation, tu peux savoir que l'on ..........................................................................................

**b. Maintenant répète les questions en respectant l'intonation.**

## 7 Act out an extract from the dialogue.

**a. Écoute les questions et leurs réponses et indique quel sentiment est exprimé.**

| | neutral  | excited  | hesitant  | scared  |
|---|---|---|---|---|
| **Jack:** Excuse me, Miss, is it long to London? | | | | |
| **Flight attendant:** It's almost twenty hours. | | | | |
| **Flight attendant:** Is it your first visit to England? | | | | |
| **Jack:** Yes, it is! | | | | |
| **Flight attendant:** Are you on holiday? | | | | |
| **Jack:** Well, Yes and no. I'm spending a year with cousins in the UK. | | | | |

**b. Maintenant joue le dialogue avec ton voisin.**

# Practising is fun!

Book p. 36

Élève-audio · Classe 1-40

## 1 What time is it?

Prepare your challenge

**a. Look at the clocks.**

1. Listen and number the clocks in the right order.
2. Write the time under each clock.

☐  ☐  ☐  ☐ 

.................................... .................................... .................................... ....................................

## 3 Find the time zones.

**a.** **Look at your map at the back of your book and match the cities and the countries.**

| | |
|---|---|
| Washington DC • | • Canada |
| Wellington • | • South Africa |
| Ottawa • | • USA |
| Pretoria • | • India |
| New Delhi • | • New Zealand |

**b.** **It's 9 a.m. in Paris. What time is it:**

1. in Washington DC? ....................................
2. in New Delhi? ............................................
3. in Pretoria? ................................................
4. in London? .................................................
5. in Wellington? ............................................

**c. Correct the sentences with the help of the time zones on your map.**

1. It's 10 a .m. in Washington but it's 4 p.m. in their country. They are Australian.

.......................................................................................................................................

2. It's 2 p.m. in London and it's 9 p.m. in his city. He is Canadian.

.......................................................................................................................................

3. It's 1 a .m. in Los Angeles and it's 7 p.m. where she is. She is British.

.......................................................................................................................................

# Grammar is easy!

Book p. 37

## 1 Dire l'heure

**a.** **Dessine les aiguilles sur les pendules.**

It's quarter to three.

It's half past one.

It's twenty-five past six.

It's ten fifteen.

It's ten to five.

## 2-3 *Be* au présent simple

**a. Réponds aux questions suivantes.**

1. Are you French? ...........................................
2. Are you 12? ...........................................
3. Is Jack on holiday? ...........................................
4. Is football your favourite sport? ...........................................

**b. Mets les phrases ci-dessous à la forme négative.**

1. You are Canadian. ...........................................
2. Jane is in Australia. ...........................................
3. They are football fans. ...........................................
4. I am a good swimmer. ...........................................

**c. Voici des réponses. Pose les questions correspondantes.**

1. ........................................... Yes, I'm a pupil.
2. ........................................... No, I'm not a surfer.
3. ........................................... No, my best friend isn't from Spain.
4. ........................................... Yes, my English teacher is nice!

**d. Remets les mots dans l'ordre puis réponds à la question.**

1. school – happy – ? – you – at – Are

...........................................

2. your – Is – English – ? – friend – best

...........................................

3. cool – ? – I – Am

...........................................

4. it – time – Sydney – in – What – is ?

...........................................

# Clubs in Bournemouth

Book p. 38-39

## B. Find information on leisure in Bournemouth

Prepare your challenge

**1a.** What activities can you do in Bournemouth?

a. .................... c. .................... e. .................... g. ....................

b. .................... d. .................... f. .................... h. ....................

**1b.** Which activities correspond to the pictures?

..............................

..............................

..............................

..............................

..............................

**2.** Look at the information about the activities.

a. What days are the aerobics lessons? ..............................

b. What time are the surfing lessons in the morning? ..............................

c. You don't go to school on Wednesday afternoons. What activities can you do in Bournemouth? ..............................

..............................

## Your challenge!

Book p. 39

**REGISTRATION FORM**

Last name: ..............................

First name: ..............................

Age: ..............................

Nationality: ..............................

Address: ..............................

..............................

Phone number: ..............................

Activity: ..............................

..............................

..............................

..............................

Day: ..............................

Time: ..............................

# On your own

## 1 Fun with words

**Indique la nationalité sous chaque drapeau.**

.............................................................................

.............................................................................

.............................................................................

## 2 Fun with sounds

Élève-audio · Classe 1-41

**Réécoute le dialogue et indique pour ces phrases si la voix monte ou descend. Puis entraîne-toi à dire les phrases en respectant bien l'intonation.**

a. Today is Friday 2nd September. ↘ ↗

b. It is 3 p.m. here in Sydney and 5 a.m. in London. ↘ ↗

c. Where are you from? ↘ ↗

d. No, I'm not English, I'm Australian. I'm from Sydney. ↘ ↗

e. Are you on holiday? ↘ ↗

## 3 Fun with grammar

**Complète ces phrases puis retrouve ta réponse dans la grille.**

Are they from Sydney? No, they ...............

Is she Korean? No, she ...............

............... you French? Yes, I am.

Is he English? Yes he ...............

| | | | | | | |
|---|---|---|---|---|---|---|
| E | H | X | I | T | I | M |
| R | R | E | N | O | S | W |
| A | A | E | C | A | N | S |
| V | R | T | B | G | T | Q |
| A | E | M | Y | X | L | R |
| T | P | H | Q | S | I | L |
| J | X | V | E | P | G | X |

**1.** Écris les mots que tu as appris dans le bon pétale.

**2.** Joue au jeu des lettres mélangées avec deux camarades. Choisis un mot, mélange les lettres, le premier de tes camarades qui le retrouve gagne.
Ex : *AASSL* → *SALSA*

# Unit 3 • My school

## My week at school ➔ Book p. 40

**a.** Listen to the song and complete the columns with the right words.

| school /uː/ | Monday /ʌ/ | happy /æ/ |
|---|---|---|
| ...................... | ...................... | ...................... |
| ...................... | ...................... | ...................... |

**b.** Write the words in your Phonetic zoo. ➔ WB p. 140

**c.** Now sing along!

**SOUNDS**

En anglais, l'orthographe des mots et leur prononciation ne correspondent pas toujours. Sois attentif quand tu copies les mots dans ton *Phonetic zoo.*

## Lesson 1 On the way to school

Video or Audio

### Getting ready

**1** Look at the pictures and describe the scenes. What can you see?

There is a ..........................................................................................

..........................................................................................

..........................................................................................

There are ..........................................................................................

..........................................................................................

..........................................................................................

**Maintenant complète la règle :**

Lorsque tu veux montrer ........................ dans l'image, tu utilises:

*There* ........ + nom au .........................

Lorsque tu veux montrer ........................ dans l'image, tu utilises:

*There* ........ + nom au .........................

! *There* et *they're* se prononcent de la même façon mais *they're* est le pronom sujet de la 3e personne du .........................

# Understanding

Book p. 43

## 3 Identify the situation.

**a.** **Watch the video or listen and complete the chart.**

| Where?  | When?  | Who?  |
|---|---|---|
| house | | |

**b.** **Describe Tracy's and Ben's feelings.**

1. Listen to Tracy and look at picture 4.

She is ……………………

2. Listen to Ben and look at pictures 2 and 4.

He is …………………… and ……………………

## 4 Find more clues.

**a.** **Write down the words you recognise or turn your workbook and circle the words you hear.**

**b.** **What is the conversation about? Underline the words that are important for the story.**

| 1 | 2 |
|---|---|
| …………………… | all right – not sad – not bad – worried – tired – housework – homework – hard – forgot – bubble – trouble – problem |

S'il s'agit d'un document vidéo, j'observe …………………… des acteurs qui peuvent aussi m'aider.

## 5 Go further.

**a.** **See how Ben and Tracy react. Who says what? Tick the right box.**

| Who says? | | |
|---|---|---|
| You're joking! | | |
| You forgot! Again! | | |
| Let me copy your homework! | | |
| It's your problem. | | |

**b.** **Listen to Tracy and Ben again and circle the stressed words (*mots accentués*).**

1. **Ben:** …What!? Maths homework?
2. **Tracy:** No. Oh Ben… you forgot. Again!
3. **Tracy:** No Ben! It's your problem!
4. **Ben:** Tracy please!

**c. What is the tone used in each sentence?**

1. **Ben:** … What!? Maths homework? •
2. **Tracy:** No. Oh Ben… you forgot! Again! •
3. **Tracy:** No Ben! It's your problem! •
4. **Ben:** Tracy! Please! •

•  angry

•  imploring

•  accusing

•  surprised

> Pour comprendre un document sonore, j'interprète le ............ des acteurs.
> En anglais, grâce au ton de la voix, je peux comprendre le ............ général de la phrase.

## Speaking

Elève-vidéo · Classe 1-47-50 → Book p. 43

### 7 Intonation

**a. Écoute ce court extrait de la vidéo et indique pour chaque réplique si la voix monte ou descend en fin de phrase en entourant la bonne flèche.**

1. **Ben:** Hi Tracy, how are you ? ↘ ↗
2. **Tracy:** All right, and you? ↘ ↗

**b. Maintenant répète le dialogue en imitant Tracy et Ben.**

**Ben:** Hi, Tracy. How are you?

**Tracy:** All right. And you?

**Ben:** Not bad.

**c. Pairwork : Réécoutez les dialogues suivants et jouez-les. Imitez l'intonation (n'ayez pas peur d'exagérer !)**

**Dialogue 1**

**Pupil A:** The maths homework was **really** hard.

**Pupil B:** What!? **Maths** homework? You're **joking**!

**Pupil A:** No, oh Ben – you forgot! **Again**!

**Dialogue 2**

**Pupil A:** Tracy – let me copy your homework!

**Pupil B:** No Ben! It's **your** problem!

**Pupil A:** Tracy! **Please**!

**Pupil B:** Here's the bus.

**Dialogue 3**

Crée ton propre dialogue à partir du dialogue 1. Voici quelques idées :
*French essay – easy – biology exercise – long.*

**L'intonation permet :**

– d'exprimer des ............................,

– d' ............................ sur certains éléments importants de la phrase,

– ou de poser une .............................

## Reading

Book p. 43

## 9 Look at the plan of Seafield school.

Prepare your challenge

**a. Look at the plan, read the leaflet and fill in the chart.**

| | places in the school |
|---|---|
| 1 | ............................................ |
| 2 | ............................................ |
| 3 | ............................................ |

| | places in the school |
|---|---|
| 4 | ............................................ |
| 5 | ............................................ |
| 6 | ............................................ |

**b. Now read the text again and deduce the meaning of the prepositions then match each preposition with the right picture.**

- in
- on
- in front of
- behind
- near

**c. Now, describe your school.**

There is ..........................................................................................

The library is ..................................................................................

......................................................................................................

*Seafield is a fantastic school in Manchester. There's a big gym near the library.*
**As-tu remarqué ?**

En anglais, l'adjectif épithète se place .............. le nom qu'il qualifie.

À quoi servent les prepositions que tu as vues en 9b ? Elles permettent de .............. quelque chose ou quelqu'un. Ce sont des prépositions de ...............

# Grammar is easy!

Book p. 45

## 1 Adjectifs

**Entoure l'adjectif et mets les mots dans le bon ordre.**

1. has – a – Tracy – white – got – headband ..............................
2. got – Ben – a – school uniform – black – has ..............................
3. blue – Tracy – eyes – got – has ..............................
4. got – house – have – beautiful – a – Tracy's parents ..............................
..............................
5. The – is – red – double-decker ..............................

## 2 *There is / There are*

**a. Entoure le mot qui convient.**

1. Ben and Tracy go to the same school and *they're/there* in the same class.
2. Look! *There/they're* is a bus at 5:45.
3. *There/they're are* many pupils in the class.

**b. Remets les mots dans l'ordre.**

1. in – van – there – a – the – is – red – street ..............................
2. are – bus stop – the – pupils – there – at – two ..............................
..............................
3. tired – they – very – are ..............................
4. cars – street – are – in – there – the ..............................

## 3 Prépositions

**Regarde les images de la page 42 de ton manuel et situe les personnages à l'aide des prépositions suivantes :**
in – behind – in front of – on.

1. Tracy and her mum are .............................. their house.
2. Tracy has a headband .............................. her head.
3. Tracy and Ben are .............................. the street.
4. There are cars .............................. the double-decker.

## 1 Fun with words

**Retrouve les adjectifs.**
sad – happy – surprised – tired – angry – sorry – cool – busy – funny – crazy – lazy

| | | | | | | | | | | |
|---|---|---|---|---|---|---|---|---|---|---|
| K | C | E | B | U | S | Y | I | W | X | L |
| A | Y | Y | R | G | N | A | C | D | X | O |
| A | I | C | E | N | D | A | S | E | W | X |
| Y | C | B | C | P | X | W | Y | S | K | E |
| N | P | O | Y | R | R | O | S | I | F | L |
| I | O | P | T | V | L | H | J | R | U | Y |
| L | Q | H | A | I | A | A | U | P | N | E |
| B | Y | A | S | H | R | Y | W | R | N | H |
| I | C | R | A | Z | Y | E | P | U | Y | A |
| H | Q | M | Y | Y | Y | H | D | S | G | R |
| Z | W | J | V | P | L | A | Z | Y | D | Y |

## 2 Fun with sounds

Élève-audio – Classe 1-52

**a. Voici une liste de mots tirés de la leçon. Entoure les *moose words* et les *cat words* et inscris-les à la bonne place. Attention, il y a un intrus !**
cool – sad – school – crazy – angry – fantastic – shoes – black

..........
..........

..........
..........

**b. Tu peux maintenant les reporter dans ton *Phonetic zoo.*** WB p. 140

**c. Répète à voix haute les *cat words* et les *moose words* en faisant bien attention aux sons.**

## 3 Fun with grammar Book p. 45

**a. Regarde les dessins et complète la description avec la bonne préposition, le bon adjectif et *there is/there are*.**

| | | | | |
|---|---|---|---|---|
|  |  |  |  |  |
| There .......... a kangaroo .......... the green box. | There .......... .......... .......... box. | There .......... .......... .......... .......... | .......... .......... .......... .......... | .......... .......... .......... .......... |

**b. 1. Entoure l'intrus dans chaque ligne.**

bus – car – Andrew – double-decker
red – behind – blue – green
has got – is – have got – haven't got
the bus – the carrots – the bananas – the courgettes

**2. Forme une phrase avec les intrus pour dire où est caché Andrew.**

..........

# Time for school

Cousins: Episode 4

## Understanding

Élève-audio · Classe 1-53 → Book p. 47

### 3 Identify the situation.

**a.** Write down the words you recognise or turn your workbook and circle the words you hear.

**b.** Underline the words that are important for the story.

| 1 | 2 |
|---|---|
| ........................................<br>........................................<br>........................................<br>........................................<br>........................................ | time's up – hurry up – pool – school –<br>Monday – Friday – mornings – evening – PE –<br>sports – brother – sister – cousin – football –<br>basketball – Austrian – Australian |

### 4 Go further.

**a.** What do Jack and Tom say about school?

**1.** Fill in the speech balloons and tick the right box.

**2.** Fill in today's timetable.

morning → ............................

afternoon → ............................

**3.** Copy Jack's question about Katie and answer it.

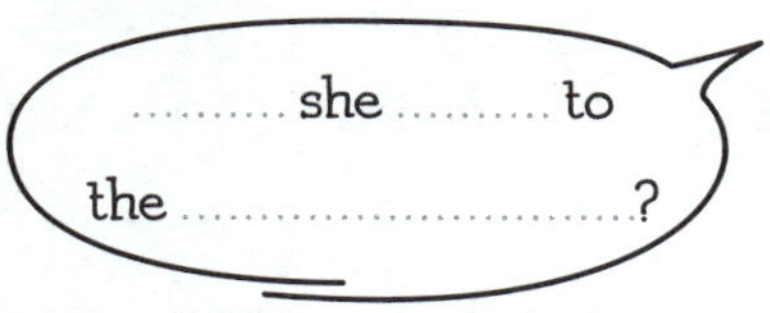

**4.** What time does school start at:

– Katies' school? ....................

– Tom's school? ....................

**5.** Fill in Tom's speech balloon.

**b.** **Give a definition of footy.**

Footy is ................................................................................................................ .

## 5 Let's recap.

**Complete the summary with the following words:**

afternoon – have – love – do – like – Australian – school – footy – doesn't – drama – late.

It's time for school and Jack is .................... .

Jack doesn't .................... school but Tom likes .................... . They both .................... sports.

Today is Monday. On Mondays, they have .................... and PE.

They .................... football in the .................... but Jack thinks it is .................... . Tom ....................

know what footy is. .................... you know? Footy is .................... football.

Relis ton résumé. Il est écrit au temps du .................... .

**Maintenant, complète la règle :**

En anglais, le présent simple permet de ................................................................................ .

Dans les phrases affirmatives, on utilise ................................................ .

Dans les phrases négatives et interrogatives, on a besoin de l'auxiliaire .................. .

! On ajoute un ..... à la 3e personne du singulier. *Do* devient .................. ,

*like* devient .................. et .................. devient *has*.

## Speaking

Élève-audio Classe 1-55 Book p. 47

## 6 Talk about your subjects.

Prepare your challenge

**c.** **Ask your classmates which subjects they like or don't like. Then write their names in the chart.**

| | music | history | PE | maths | art | biology |
|---|---|---|---|---|---|---|
| | | | | | | |
| | | | | | | |

# Practising is fun!

Book p. 48

## 1 What are ICT, RE, PSHE and DT?

**a.** Find the first letter of each word.

ICT RE DT PSHE

1. ....**er**sonal ....**o**cial ....ealth ....du**ca**tion
2. ....**esign** ....ech**no**logy
3. ....**e**ligious ....du**ca**tion
4. ....nfor**ma**tion ....ommuni**ca**tion ....ech**no**logy

**b.** Write the name of the subjects under the drawings.

ICT PSHE RE DT

........................

........................

........................

........................

## 3 Discover a different timetable.

Read one of the timetables on this page and your classmate will read the other one. Ask and answer questions to fill in the blanks.

Pupil A: *On Tuesdays, do they have history in period 2?*

Pupil B: *No, they don't.*

Pupil A

| Mon | Tues | Wed | Thurs | Fri |
|---|---|---|---|---|
| science | maths | English | maths | |
| English | | RE | history | DT |
| history | geography | music | science | PE |
| French | art | French | PSHE | French |
| PE | DT | | PE | ICT |

Pupil B

| Mon | Tues | Wed | Thurs | Fri |
|---|---|---|---|---|
| science | maths | English | maths | English |
| English | ICT | | history | |
| history | | music | science | PE |
| French | art | French | PSHE | French |
| PE | DT | drama | PE | ICT |

# Grammar is easy!

Book p. 49

## Présent simple

**1** **Regarde ton emploi du temps. Choisis un jour et écris en anglais les matières que tu as ce jour là.**
Ex. *On Mondays, we have PE, music and English in the morning and maths, biology and history in the afternoon.*

.................................................................................................

.................................................................................................

.................................................................................................

.................................................................................................

**2** **Dis pourquoi tu aimes ou non certaines matières.**
Ex. *I like English because it's cool but I hate maths because it's boring.*

a. .................................................................................................

.................................................................................................

b. .................................................................................................

.................................................................................................

c. .................................................................................................

.................................................................................................

Classe 1-56

**Words**

interesting ≠ boring
cool
funny
easy ≠ difficult

**3** a. **Lis cet extrait de l'agenda de Stevo.**

b. **Décris son emploi du temps du lundi en utilisant les verbes suivants :**
start, like, hate, love, have, learn.

On Mondays, school .................. with assembly. Stevo .................. assembly at 8.30. He .................. English from 9.55 to 10.45. He .................. history and he .................. science. But he .................. Indonesian and he .................. PE.

| | Monday |
|---|---|
| 8.30-8.45 | Assembly |
| 8.45-8.55 | Registration |
| 9-9.50 | Science 💔 |
| 9.55-10.45 | English |
| 10.45-11 | Morning break |
| 11-11.50 | History 💔 |
| 11.50-13.00 | Lunch break |
| 13-13.50 | Indonesian ❤ |
| 13.55-14.45 | Maths |
| 14.50-15.40 | PE ❤❤ |

Culture page

# Schools in English-speaking countries

➜ Book p. 50-51

## A. School systems

**2.** ✎ **Use the information and the photos in your book to introduce the pupils.**

Ex. *François is French. He is 11, so he is in 6e.*

a. Ben is .................... He is ......... so he is in ....................

b. Lazarus is ...........................................................................

...........................................................................................

c. Jennifer is ...........................................................................

...........................................................................................

d. Oliver is ...........................................................................

...........................................................................................

## B. Own clothes day

✎ **With the help of the words in the box, write a description of the pupils in your book.**

Classe 1-57

### Words

**clothes**

jeans /iː/

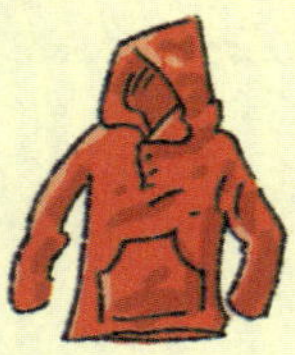

a hooded sweatshirt /ʊ/ /e/

a shirt /ɜː/

joggers /ɒ/ — a dress /e/ — a T-shirt — a jumper /ʌ/

shorts /ɔː/ — a skirt /ɜː/ — a top /ɒ/

**shoes**

ballet shoes /æ/ /uː/

boots /uː/ — trainers /eɪ/

**accessories**

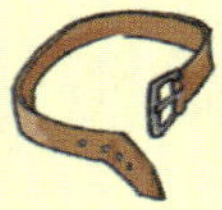

a belt /e/ — a scarf /ɑː/

a hat /æ/ — a cap /æ/

...........................................................................................

...........................................................................................

...........................................................................................

...........................................................................................

# On your own

## 1 Fun with words

**a.** **Retrouve la matière cachée en remettant les lettres dans l'ordre. Attention, il y a une lettre en trop à chaque fois.**

1. I H U M S C
2. D M A S R A
3. F I C S C N E E

..........................................................................

..........................................................................

..........................................................................

**b.** **Entoure l'intrus !**

Registration – maths – English – ICT

Love – like – hate – start – prefer

Break – drama – registration – assembly

## 2 Fun with sounds

Élève-audio — Classe 1-58

**Souviens-toi, dans l'unité 1, tu as vu que l'anglais est une langue accentuée : on insiste davantage sur certaines syllabes que d'autres. Par exemple, dans le mot *angry*, on insiste plus sur la première syllabe : *angry* = Oo**

**a.** **Classe les mots suivants selon la place de leur accent : English, history, technology, biology, assembly.**

| Oo | oOo | oOoo |
| --- | --- | --- |
| .................... | .................... | .................... |
| .................... | .................... | .................... |

**b.** **Maintenant entraîne-toi à les prononcer en insistant sur leur syllabe accentuée.**

## 3 Fun with grammar

**Mets les phrases à la forme négative afin de compléter la grille de mots-croisés.**

ACROSS (horizontalement)

5. She likes

DOWN (verticalement)

1. He sleeps
2. They go
3. I like
4. We eat

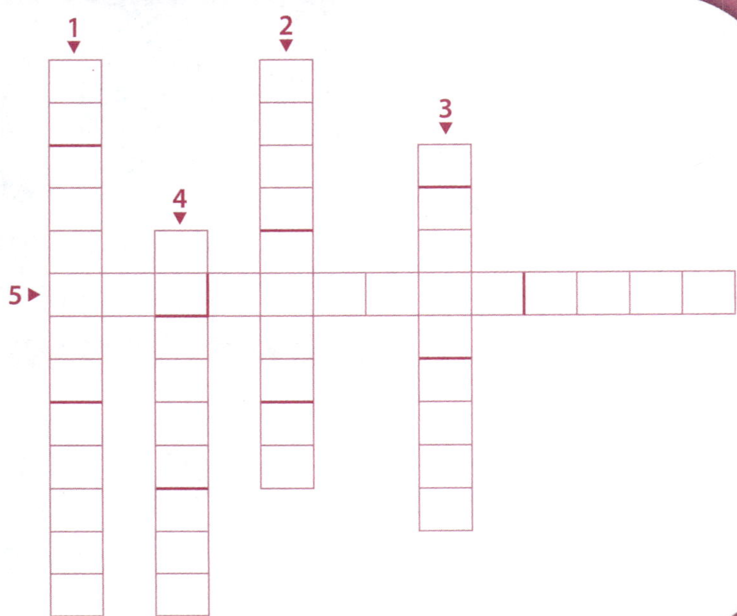

**1.** Écris les mots que tu as appris dans le bon pétale.

**2.** Choisis 6 mots dans ta fleur et dicte-les à ton camarade. Vérifie ensuite s'il les a bien orthographiés.

# Unit 4 • Be responsible!

## Our planet

Book p. 52

Élève-audio · Classe 1-59

We must protect the earth,
We must clean up the sea,
We mustn't drop our litter,
We must save energy.

Let's recycle our rubbish,
This we must decide.
Let's love our special planet,
Let's be on the earth's side.

**a.** Listen to the poem and underline the stressed syllables in each line.

**b.** Circle the number of stressed syllables in each line: 4 2 3

**c.** Now repeat the poem and tap the rhythm with your finger!

## Lesson 1 Is Ben responsible? Video or Audio

### Understanding

Élève-vidéo · Classe 1-61 Book p. 55

### 3 Identify the situation.

**b.** Pick out the right adjectives to describe the feelings of the characters.

imploring disappointed accusing worried panicked strict cross surprised

| | Tracy sounds | Ben sounds | Mrs Black sounds |
|---|---|---|---|
| at assembly | ............ ............ | ............ ............ | ............ ............ |
| in the classroom | ............ ............ | ............ ............ | ............ ............ |

### 4 Find more clues.

**a.** Listen to the expressions of time.

1. Circle the numbers you hear.
2. Match the numbers with the correct expression of time.

| | |
|---|---|
| 10 • | • o'clock |
| 7 • | • minutes |
| 11 • | • hours |
| 17 • | • good morning |

**b.** Complete Ben's timetable.

| 08:45 | 09:00 > 09:10 | 09:10 > 10:05 | 10:05 > 11:00 | 11:00 > 11:15 |
|---|---|---|---|---|
| .............. | .............. | .............. | French | .............. |
| .............. | .............. | .............. | .............. | .............. |

## 5 Go further.

**a.** Look at Ben. First, write your ideas then watch or listen again and find the reason for Ben's attitude in picture 4.

| | | possible reasons | answers |
|---|---|---|---|
|  | Ben is worried… | maybe… ..............<br>..............<br>.............. | ..............<br>..............<br>.............. |
|  | Mrs Black is in the maths class… | maybe… ..............<br>..............<br>.............. | ..............<br>..............<br>.............. |
|  | Ben is disappointed… | maybe… ..............<br>..............<br>.............. | ..............<br>..............<br>.............. |

**b.** Does Ben have a responsible attitude to schoolwork? Fill in the gaps.

Ben is .............. a responsible pupil because he .............. do .............. homework regularly.

**1.** Regarde ou écoute de nouveau l'épisode et complète les répliques de Mrs Black.

a. .................... to my office!

b. .................... Mr Atkins is ill.

c. .................... your books!

d. .................... it to Mr Atkins!

e. .................... it to me!

**2.** Observe comment les phrases ci-dessus sont construites et complète la règle :

À la forme affirmative, elles commencent par .............................. Cette structure sert à donner des ..............................

À la forme négative, on utilise .............. + .............................. Cette structure sert à ..............................

Dans les deux cas il s'agit de l'impératif.

**3.** Trouve 2 exemples dans l'épisode où Ben et Tracy utilisent le même type de formule.

..............................................................................................

## Speaking

Book p. 55

Élève-vidéo — Classe 1-63-64

### 7 Intonation

**a. Écoute le dialogue suivant.**

1. Dis quel ton Ben, Mrs Black et Tracy utilisent.

| | | |
|---|---|---|
| BEN | Oh, Tracy, you're the best! | content/soulagé |
| MRS BLACK | Ben Jones! No talking in assembly. | ........................................ |
| TRACY | Well, it's your fault! | ........................................ |

2. Entoure le mot prononcé le plus fort.

**b. Maintenant, répète le dialogue en imitant l'accentuation et l'intonation.**

### 8 Act out a dialogue.

**a. *Gap fillers.***

1. Écoute à nouveau le dialogue et complète.

BEN: Come on, Tracy! Give me your homework. Please! The maths lesson starts in... ten minutes!

TRACY: ..............., all right, Ben – here you are!

BEN: ..............., Tracy, you're the best!

MRS BLACK: Ben Jones! No talking in assembly! Come to my office at 11 o'clock!

BEN: ..............., yes Mrs Black. Now I'm in trouble again!

TRACY: ..............., it's your fault!

2. À quoi servent les petits mots en début de phrase ?
Trouve les mots qui correspondent aux sens qui figurent dans le tableau.

| mot | sens |
|---|---|
| ........................................ | exclamation |
| ........................................ | hésitation |
| ........................................ | pour introduire une remarque |

**b. Complète les bulles dans l'ordre et joue le dialogue avec ton voisin.**

## Reading

Book p. 55

### 9 Read the text and fill in the chart.

| | |
|---|---|
| **Type of document** | ........................................ |
| **Form of the document**<br>• Circle what Tracy uses. | *Italics* ! ☺ **bold type**<br>BLOCK LETTERS ? colour <u>underlining</u> |
| **Who?** | From .................... to .................... |
| **What?**<br>• Write all the words you know. | ........................................<br>........................................ |
| • Write words that are repeated. | ........................................ |
| • Say what the document is about. | ........................................ |
| • Give Tracy's opinion on science. | ........................................ |
| • Say how the text ends. | Tracy makes ☐ a guess ☐ a suggestion ☐ a comparison |

Copie les 2 structures identiques que tu trouves à la fin du texte de Tracy et complète l'explication.

........................................

En anglais, *let's* + base verbale permet de ........................................

## Practising is fun!

Book p. 56

### 1 Going out.

Prepare your challenge

**b.** **Match the places with the correct rule.**

1. 

2. 

- **a.** No diving.
- **b.** No running.
- **c.** No chewing gum.
- **d.** No smoking.
- **e.** No drinking.
- **f.** No eating.

**c.** **Write the orders.**

1. Don't dive! ..........
2. ..........
3. ..........
4. ..........
5. ..........
6. ..........

# Grammar is easy!

Book p. 57

## 1 Faire une suggestion avec *let's*

**Aide Andrew à proposer des activités à Stacy !**

## 2 Interdire

**Remplis le tableau avec les bonnes formes verbales.**

| | | |
|---|---|---|
|  |  |  |
| ..........<br>.......... in class. | ..........<br>.......... in class. | ..........<br>.......... on the grass. |

## 3 Donner un ordre

**Remplis le tableau avec les formes verbales qui conviennent.**

| | | |
|---|---|---|
|  |  |  |
| .......... | .......... | .......... |

## 1 Fun with words

**Retrouve les mots :**
responsible – ill – trouble – hike – Internet – museum – dive.

| | | | | | | | | |
|---|---|---|---|---|---|---|---|---|
| I | S | E | F | B | Z | Q | J | I |
| N | G | L | M | E | E | E | L | R |
| T | Z | B | V | I | L | L | G | O |
| E | E | I | L | E | B | B | A | X |
| R | D | S | L | O | U | U | J | T |
| N | Z | N | M | V | O | O | U | Z |
| E | V | O | U | N | R | R | S | R |
| T | D | P | S | O | T | T | E | K |
| P | U | S | E | L | P | K | R | T |
| M | H | E | U | K | I | G | Q | F |
| U | G | R | M | H | Q | G | P | R |

## 2 Fun with sounds

**Lis le poème à haute voix en marquant bien les syllabes soulignées et en utilisant la bonne intonation.**

Élève-audio · Classe 1-65

**Dear** **tea**cher

We **miss** you **so**

When in **hos**pital you **go**

We **need** to **tell** you **there** is a **sin**

We're **sor**ry a**bout** the ba**na**na **skin**!

sin = a bad action

## 3 Fun with grammar

**Qui dit quoi ? Relie les mots pour reconstituer la phrase que chaque personnage prononce.**

| | | |
|---|---|---|
| Don't | go | carrots. |
| Let's | jump | late! |
| Give | me | to the leisure centre! |
| Don't | be | on the table! |

# Lesson 2 You mustn't drop litter!

Audio | Cousins: Episode 5

## Understanding

Élève-audio | Classe 1-66 | Book p. 59

### 3 Go further

**a.** Jack

**1.** Tick the right pictures and write down what you learn about Jack's feelings.

☐ ☐ ☐ ☐ ☐ ☐

.................... .................... .................... .................... .................... ....................

**2.** Fill in the blanks to find out about Jack's activities.

**TIPS** Pour les mots encadrés, choisis entre *always – sometimes – often – never.*

Do you go for .......................... in Australia, Jack?

Well, yes, I [..........................] go .......................... at the .......................... when there are .......................... .

I .......................... footy. I [..........................] go to Sydney Football .......................... to see my .......................... .

**3.** Give a synonym for walking: .......................... .

**4.** Fill in the blanks to discover Jack's attitude to nature.

I [..........................] carry a box of chocolate .......................... .

I [..........................] drop my .......................... . I [..........................] put it in my .......................... .

**5.** Now say what Jack's attitude to nature is.

..........................................................................................

**6.** Tick what you hear about Jack's box.

The box is: ☐ curious ☐ ridiculous ☐ precious ☐ fabulous

**b. The competition**

1. What's the name of the competition?

G.................... B.................... I....................

S.................... C....................

2. What's the rule of the competition?

Tom: We .................... find .................... animals in ........................................................

**c. The first animal**

1. Write down what you hear about the first animal.

..........................................................................

..........................................................................

..........................................................................

2. What is the name of the first animal?

The first animal is ..........................................

Well done! Now you can draw animal n°1 WB Tests + tasks p. 30

**Relis le dialogue en 3a2 et 3a4 et complète la deuxième colonne du tableau avec les mots encadrés. Justifie tes choix en t'aidant du contexte.**

| | | |
|---|---|---|
|  | .................. | ............................................................ ............................................................ |
| 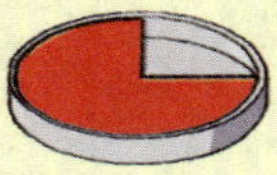 | .................. | ............................................................ |
| 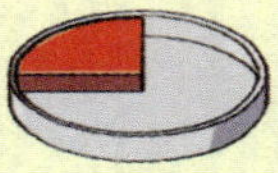 | .................. | ............................................................ |
| 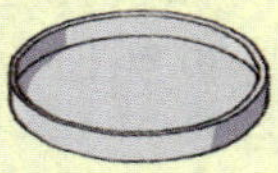 | .................. | ............................................................ |

**Déduis l'explication :**

.................... , .................... , .................... et .................... sont des adverbes. Ils donnent une indication sur la .................... d'une action. Ils se placent .................... le verbe et .................... be.

## Speaking

Élève-audio Classe 1-68-69 Book p. 59

## 5 Pronunciation

**a. La lettre *o***

1. Lis les mots suivants et place-les dans la bonne colonne.

know – look – cold – so – good – pocket – drop – chocolate – go – box – no

| /ʊ/  | /ɒ/  | /əʊ/  |
|---|---|---|
| .................................... .................................... | .................................... .................................... | .................................... .................................... |

2. Maintenant écoute ces mots et répète-les.

3. Recopie ces mots dans ton *Phonetic zoo.* WB p. 140

## Stress

**b.** Écoute Jack.

**1.** **Que remarques-tu sur la façon dont Jack prononce *so* ?**

JACK: Brrrr it's so cold! — *So* est très .................................................. .

JACK: They're so good! — Cela crée un effet .................................................. .

**2.** **Observe la ponctuation. Que remarques-tu ?**

Les phrases qui comprennent *so* se terminent par .................................................. .

**3.** **Complète l'explication.**

Avec so tu peux .................... le sens de l'adjectif. On le trouve souvent dans des phrases .................................................. .

# Practising is fun!

Book p. 60

## 1 How green are you?

| | always | often | sometimes | never |
|---|---|---|---|---|
| 1 | ○ | ○ | ○ | ○ |
| 2 | ○ | ○ | ○ | ○ |
| 3 | ○ | ○ | ○ | ○ |
| 4 | ○ | ○ | ○ | ○ |
| 5 | ○ | ○ | ○ | ○ |

Majority of ● (orange): Congratulations! You are eco-friendly.

Majority of ● (pink): Well done! You know that protecting the planet is important.

Majority of ● (green): Make an effort!

Majority of ● (blue): Go green! The planet needs you.

**b.** Use a pencil to do the quiz.

**c.** Now take a red pen and ask your classmate the same questions.

## 2 Save the planet!

**a.** **Match the opposites in the following list of verbs:**

drop – protect – kill – cut down – pick up.

drop ≠ ..................................................

protect ≠ ..................................................

plant ≠ ..................................................

**b.** **Put the words into the right box.**

| trees | animals | litter |
|---|---|---|
| .................... | .................... | .................... |
| .................... | .................... | .................... |
| .................... | .................... | .................... |

Prepare your challenge

**c.** **Make a list of what you must and mustn't do to protect the planet. Add your own ideas!**

You must ..................................................

You mustn't ..................................................

# Grammar is easy!

Book p. 61

## 1 Adverbes de fréquence

**Réponds aux questions suivantes en utilisant les adverbes de fréquence:**
never – always – often – sometimes.

1. Do you eat chocolate? ..................................................
2. Do you walk to school? ..................................................
3. Do you speak English? ..................................................
4. Do you watch TV? ..................................................
5. Do you surf on the Internet? ..................................................

## 2-3 *Must/mustn't*

**Regarde le dessin et dis ce qu'il faut et ne faut pas faire au camping.**

On the camp site, you mustn't ..................................................

You must ..................................................

# The British Isles

Book p. 62-63

## A. What are the British Isles?

Great Britain = England + Wales + Scotland

The United Kingdom = England + Wales + Scotland + Northern Ireland

The British Isles = the UK + the Republic of Ireland

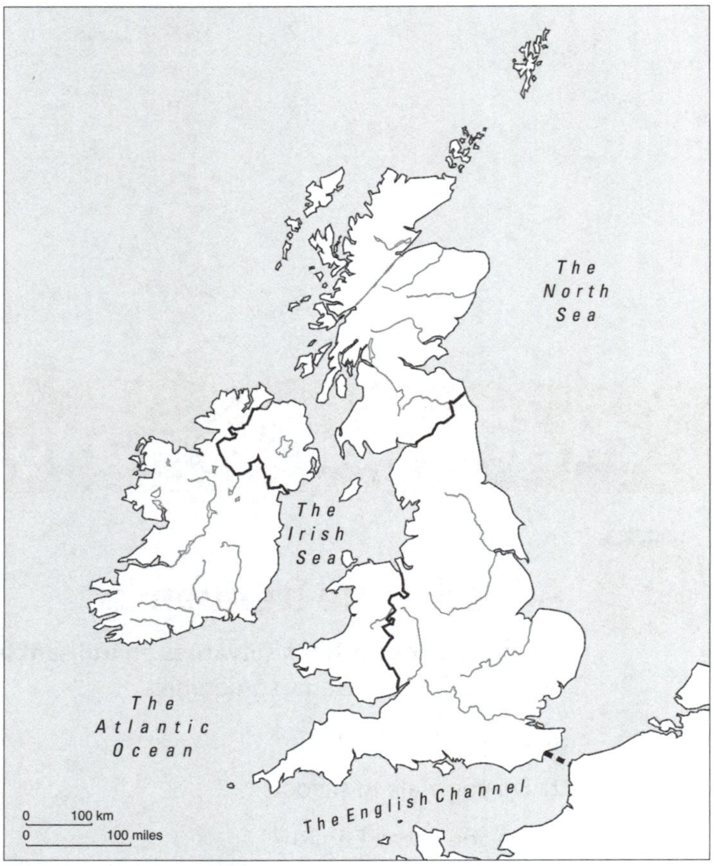


**Colour in the countries as indicated.**

- England in yellow
- Wales in red
- Northern Ireland in orange
- Scotland in purple
- The Republic of Ireland in green

## B. Beautiful landscapes

**2.** **Work in pairs to complete the chart.**

| | UK | France |
|---|---|---|
| famous mountains | | |
| famous beaches | | |
| famous forests | | |
| famous lakes | | |

## C. The Countryside Code

Prepare your challenge

**2.** **Read the Countryside Code in your book and write what you must and mustn't do.**

Ex. *You mustn't pick flowers.*

.....................................................................................................

.....................................................................................................

You must consider other people.

.....................................................................................................

.....................................................................................................

.....................................................................................................

## 1 Fun with words

**Douze mots sont cachés dans la noisette de l'écureuil.**
**Peux-tu les retrouver ?**

## 2 Fun with sounds

Élève-audio · Classe 1-72

**Relie chaque mot à son animal phonétique.**

| | | | |
|---|---|---|---|
|  | gate • | • |  |
|  | map • | • |  |
|  | cliffs • | • |  |
|  | mountains • | • |  |

## 3 Fun with grammar

**Aide Audrey à faire la liste des qualités d'Andrew. Écris autant de phrases possibles avec les mots que tu trouves dans les deux cœurs.**

watch footy on TV
buy me flowers
drop his litter
smile
tell me I'm fantastic
write poems

often
never
sometimes
always

Andrew always smiles...

**1.** Écris les mots que tu as appris dans le bon pétale.

**2.** Joue au pendu avec tes camarades.

_ _ _ _ _

# Are you hungry?

Book p. 64

Élève-audio
Classe 1-73

**a.** Listen to the song and match the words with the right sound animals.

yucky – apples – eating – hate – beans – fish – yummy – sit – hungry

|  /æ/ |  /eɪ/ |  /ʌ/ |  /iː/ |  /ɪ/ |
|---|---|---|---|---|
| ………… | ………… | ………… | ………… | ………… |

**b.** Write the words in your Phonetic zoo. WB p. 140

**c.** Now sing along!

**2** Separate the elements you can count from the elements you can't count. Book p. 65

| I can count | I can't count |
|---|---|
| apples, ………… | jam, ………… |
| ………… | ………… |
| ………… | ………… |

# Lesson 1 Lunch time

Video or Audio

## Understanding

Élève-vidéo Classe 1-75 → Book p. 67

### 3 Identify the situation.

**a.** **Who are the main characters?**

........................................................................................................................................

**b.** **Where are they?**

Circle the places where you see the characters.

in the canteen – in a fast food restaurant – in the computer lab – in the corridor – at the counter

### 4 Find more clues.

**a.** **Does Ben eat with Tracy? Complete the dialogue to find the answer.**

TRACY: Oh. Well, .................... and .................... with .................... in the .................... anyway.

BEN: .....................

**b.** **Find out about Tracy and Ben's lunch options.**
Connect the photos to the right pictures.

**c.** **Describe what Tracy and Ben can see. Fill in the blanks.**

TRACY: There's a .................... over .................... Is it ....................?

BEN: Yeah. They're ...................., I think.

> **Maintenant complète la phrase suivante :**
>
> The boy and girl .................................. the table.

## 5 Go further.

**Find out about Tracy's order.**

**1.** Note down what Tracy orders.

☐ ☐ ☐ ☐ ☐

Tracy orders ..........................................................................................................................................

..........................................................................................................................................................

**2.** What's missing? ..........................................................................

**3.** Complete the sentence.

DINNER LADY: .........., sorry love. .........................

> **TIPS** En anglais familier, il est courant d'appeler son interlocuteur *love*.

> **Relis le dialogue en 4c.** Ben observe deux élèves qui ..................................
>
> Pour ............... ce que quelqu'un est en train de faire, on utilise .......... conjugué au présent suivi du verbe avec la terminaison ..........

## Speaking

Élève-vidéo — Classe 1-78-79 → Book p. 67

### Stress

**7** **a. Écoute de nouveau l'extrait et souligne la syllabe accentuée.**

DINNER LADY: No, sorry love. Not today.

TRACY: What a pity – I love baked potatoes. OK – just soup and salad, then.

### Tone

**b. Quel est le ton de chacune de ces phrases?**

bored – disappointed – sorry – cheerful

DINNER LADY: No, sorry love. Not today. ......................................

TRACY: What a pity – I love baked potatoes. ......................................

## Reading

→ Book p. 67

**9** **Jamie's school dinners.**

**a. Learn about Jamie's campaign.**

1. What sort of document is it? ❑ an Internet page ❑ a news article ❑ a leaflet ❑ an email
2. Read the text and pick out words referring to the following elements:

name : ......................................................

nationality : ......................................................

job : ......................................................

problem : ......................................................

place of action : ......................................................

country: ......................................................

conclusion: ......................................................

......................................................

3. Find the opposite of junk food in the text: ......................................................
4. Fill in the gaps: Jamie Oliver, an ...................., campaigns against ......................................................

in ................ schools and in ................ .

**b. Look at the list, put the food into the right column then say what your favourite food is.**

broccoli – hamburgers – pizza – chicken – crisps – apples – carrots – chocolate bars

| healthy food | junk food |
| --- | --- |
| .................................... | .................................... |
| .................................... | .................................... |
| .................................... | .................................... |
| .................................... | .................................... |

# Grammar is easy!

Book p. 69

## 1 Be + V-ing

**Utilise les verbes suivants pour décrire les actions d'Andrew, Stacy et Bruce.**

read – write – listen to music – watch TV – fly – sleep.

## 2 Dénombrables et indénombrables

**a. Aide John à remplir son assiette ! Indique à côté du dialogue si les noms soulignés sont :**

1. dénombrables au singulier 2. dénombrables au pluriel 3. indénombrables.

**b. Complète le dialogue avec l'article *a* quand c'est nécessaire.**

DINNER LADY: Hello, what would you like to eat?

JOHN: I'd like ...... <u>pizza</u> please. ...........

DINNER LADY: Sorry love, there's no pizza today. Would you like ...... <u>pasta</u>? ...........

JOHN: Oh no, I prefer ...... <u>salad</u> and ...... <u>hamburger</u>. ...........

DINNER LADY: OK. Anything else?

JOHN: Give me ...... <u>carrots</u>, and ...... <u>ketchup</u> please. Thank you! ...........

DINNER LADY: You're welcome! Bye!

Prepare your challenge

**c. Maintenant compose ton assiette !**

I'd like ..........................................................................

..........................................................................

..........................................................................

..........................................................................

## 1 Fun with words

ACROSS

DOWN

## 2 Fun with sounds

Élève-audio – Classe 1-80

**Aide William à compléter sa chanson en choisissant des mots de la liste ci-dessous qui ont le même son final que les mots soulignés.**

a pear – an orange – spaghetti – noodles – soda – pasta – milk – rice – potatoes – pumpkins – tea – water.

I think the taste of .................... is <u>strange</u>,

But I'm <u>happy</u> when I eat ....................,

And if I hate ...................., I go crazy for ....................

I love <u>tomatoes</u>, even more than ....................,

And I'm so <u>sorry</u>, when there's no .....................

## 3 Fun with grammar

**a. Entoure l'intrus dans chaque ligne.**

Andrew – Australian – British – French

have got – is – has got – hasn't got

drinks – loves – eating – runs

tea – coffee – pasta – orange juice

**b. Forme une phrase avec les intrus pour dire ce qu'Andrew est en train de faire.**

....................................................................................

# Lesson 2 At the restaurant

Audio

Cousins : Episode 6

## Understanding

Élève-audio Classe 1-81 ➔ Book p. 71

### 2 Find more clues.

**Listen to the conversation and check your guesses.**

**a. In what country are they?**

**1.** Circle the correct country and its capital city then complete the sentence.

They are in ...................., the capital city of .....................

**2.** Give some symbols of this country.

an animal: ....................

a flower: ....................

a sport: ....................

a vegetable: ....................

**b. What time of day is it?**

- ❑ before a rugby game
- ❑ after a rugby game
- ❑ in the morning
- ❑ afternoon
- ❑ evening

Explain: It's .................... time.

**c. Which restaurant do they choose?**

**1.** Circle the restaurant they choose.

**2.** Note down the adjectives you hear under the correct picture.

............................................................ ............................................................

**3.** Complete what Uncle Chris says.

"...................... Chinese restaurant over there is ......................; but ...................... Indian takeaway here is ......................"

## 3 Go further.

**a. Jack's interest in sport.**

**1.** Circle the correct picture.

**b. Note down what the characters order to eat and drink.**

**1.** Complete the sentences.

I'd like .............................. and .............................. tikka, please.

I'd like some .............................. and a ..............................

**2.** Now complete the dialogue.

KATIE: Have they got [ ] juice? I'd like [ ] .................. juice!

CHRIS: .................., they haven't got [ ] .................. juice but they've got [ ] very good .................. juice.

**c. Get information about the animal wall.**

**1.** What do you learn about the Cardiff animal wall? ..............................

**2.** Complete what Uncle Chris says: "............ one here's a ..............., ............ one's a..............."

**3.** Now circle the correct picture.

**d. Find the name of the second animal.**

**1.** Fill in the blanks with the clue. → We must find an animal ........................................

**2.** Circle the animals you hear, then circle the one with the new nose in red.

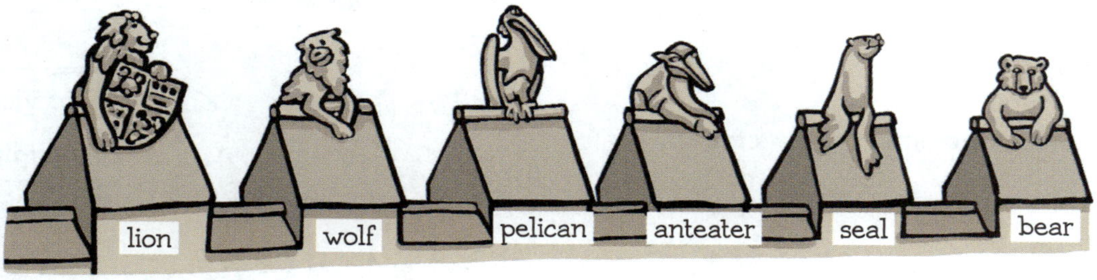


The second animal is ........................................ Its favourite food is ........................................

**Well done! Now you can draw animal n° 2.** → WB Tests + tasks p. 30

**1. Observe les mots encadrés que tu as complétés en b2.**

Les mots encadrés ............ et ............ permettent d'exprimer ........................................................ de quelque chose.

Katie utilise ............ dans la question parce qu'elle veut savoir s'il y a du jus de fruit.

Chris utilise également ............ dans une phrase ....................

**2. Reprends les paroles de Chris en c2.**

"............ one here's a ...................., ............ one's a ...................."

On utilise ............... pour parler de ce qui est près de soi.

On utilise .................... pour parler de ce qui est .................... de soi.

## Speaking

Élève-audio — Classe 1-83 → Book p. 71

### 5 Pronunciation

**a. Écoute à nouveau Chris et retrouve à quel animal du *Phonetic zoo* correspondent *any* et *some*.**

*"No, they haven't got **any** tomato juice but they've got **some** very good orange juice.
Jack? What would you like?"*

any

hen= /e/

whale= /eɪ/

cat= /æ/

some

duck= /ʌ/

elephant=/ə/

goat = /əʊ/

**b. Écoute à nouveau Chris.**

**1.** Entoure la prononciation correcte.

*Would* se prononce comme *foot* / *house* / *pool*.

**2.** Barre la lettre que l'on n'entend pas.

W O U L D

# Grammar is easy!

Book p. 73

## 1 *This/that*

**Complète les bulles avec *this* et *that*.**

## 2 *Some/any/no*

Prepare your challenge

**Commande ton repas au restaurant!**

**a.** Choisis ce que tu souhaites manger dans le menu ci-dessous.

**b.** Complète le dialogue avec ce que tu as choisi et *some*, *any* et *no*.

### Today's Specials

Beef curry
Meat pie
Baked beans
Carrot & coriander soup
Goat cheese
Strawberry cheese cake
Apple pie

### Drinks

Lemonade
Mango juice
Coca-Cola
Apple juice
Tomato juice
Bottled water

WAITRESS: What would you like to eat?

YOU: I'd like ...................................................

WAITRESS: Sorry, we have ...................................................

but we have ...................................................

YOU: Oh, I don't like that. Have you got

...................................................?

WAITRESS: Yes, of course.

YOU: Great. I'd like ................................................... as well,

and ................................................... for dessert.

WAITRESS: Good. What would you like to drink?

YOU: I'd like ...................................................

WAITRESS: We have ................................................... but

we have delicious mango juice.

# British delicacies

Book p. 74-75

## B. A Welsh break

**3.** Follow the recipe.

50 g flour
100 g margarine
50 g sugar
4 big apples

1 Heat the oven to 250°c.

2 Put the flour, margarine and sugar into a bowl.

3 Rub the mix with your fingers.

4 Spread the apples in a tin.

5 Pour the mix on top.

6 Cook for 10 to 18 minutes.

7 Take out of the oven and leave to cool for 2 minutes.

8 It's ready to eat!

**a.** It is the recipe of ☐ a starter ☐ a main course ☐ a dessert
because I can see the word ............................ .

**b.** Is it an apple crumble, a carrot cake or a shepherd's pie? Explain.
It is ........................................ because ........................................ .

**Words** (Classe 1-85)

a starter /ɑː/
a main course /ɔː/
a dessert /dɪ'zɜːt/
a recipe /'resɪpɪ/

How to tell it's time to go on a diet...

## 1 Fun with words

**a. Retrouve les 8 mots cachés dans la ligne ci-dessous.**

WAL**E**SCA**R**DIFFRESTAURA**N**TSPAGHE**T**TICHICK**E**NTE**A**ROOMHE**A**LTHYDESSER**T**

........................................................................................................

........................................................................................................

**b. Remets les lettres en gras dans l'ordre et retrouve le nom du mystérieux animal mentionné dans la leçon.**

........................................................................................................

**c. Épèle le mot gallois le plus long sans te tromper !**

Llanfairpwllgwyngyllgogerychwyrndrobwllllantysiliogogogoch

## 2 Fun with sounds

Élève-audio — Classe 1-86

**Répète la phrase suivante plusieurs fois sans bafouiller !**

This is the sheath I loathe,
not that sheath, this sheath. →

loathe = hate

## 3 Fun with grammar

**Aide John à vérifier sa liste de courses.**

John has a cucumber, some ........................................

........................................................................................................

........................................................................................................

........................................................................................................

........................................................................................................

........................................................................................................

**1.** Écris les mots que tu as appris dans le bon pétale.

**2.** Quel serait ton repas idéal ? Remplis le menu ci-contre.

Starter ..............................................

Main course ..............................................

Vegetables ..............................................

Drinks ..............................................

Dessert ..............................................

## A day in London

Book p. 76

Élève-audio · Classe 2-1

**a.** Look at the map of London on p. 135 and spot the monuments mentioned in the poem.

**b.** Complete the rhyming pattern of the poem.

aa ....b c.... ........

**c.** Match the rhyming sound at the end of each line (l.1 → l.6) with its phonetic animal.

| | | | |
|---|---|---|---|
| phonetic animal |  /eɪ/ |  /u:/ |  .......... |
| spelling | ............................ | ............................ | are/ere |

**d.** Now repeat the poem!

## Lesson 1 Guess what happened!

Video or Audio

### Understanding

Élève-vidéo · Classe 2-3

Book p. 79

### 3 Identify the situation.

**a.** Is Ben guilty?

Put the pictures in chronological order.

A. ..............................

B. ..............................

C. ..............................

D. ..............................

**b.** Now concentrate on what Ben says and fill in the speech balloon.

**c.** Do you remember the episode in Unit 5, p. 66? Who's really guilty?

..........................................................................................................................................

## 4 Find more clues.

**a. The new character is a ..............................**

**b. The characters' reactions.**

Choose a character and fill in his/her missing words. If you need help, turn your workbook and underline the words you hear.

| Tracy | Ben | new character |
|---|---|---|
| The top .............................. loose.<br>It .............................. him.<br>Perhaps it was the others<br>who .............................. here<br>.............................. us.<br>Just .............................. I'm going to<br>get another bowl .............................. | Nothing. ..........................?<br>Me? Why me?<br>I hate ..............................! | What's ..............................?<br>What's ..............................?<br>I'm .............................. you<br>to the headmaster!<br>.............................. but<br>I'm .............................. you. |
| was – were – wasn't – weren't –<br>because – before – eat – meat –<br>brunch – lunch – soup – stew | my – why – hate –<br>eat – perfect –<br>prefects | going out – going on – test –<br>mess – rewarding – reporting –<br>watching – walking |

## 5 Go further.

**a. Say how the characters' feelings change. Use the words in your book p. 78.**

1. Watch Part 1 and fill in the first column. 2. Watch Part 2 and fill in the second column.

| | first… | then… |
|---|---|---|
| **Tracy** | .................. and .................. | .................. and .................. |
| **Ben** | surprised | .................. and .................. |
| **The prefect** | .................. | suspicious |

**Te souviens-tu de la réplique de Tracy en 4b ?**

It .................. him. Perhaps it .................. the others who .................. here .................. us.

Maintenant, aide-toi de la réplique pour compléter les règles.

1. Tracy raconte ce qui s'est ........................ Pour conjuguer *be* au ........................, on utilise ........................ au singulier et ........................ au pluriel.

2. **Complète le schéma ci-dessous :**

.................... now after

............................ est un mot qui situe une action ............................ une autre ; son contraire est ............................

3. **Regarde maintenant le tableau en 5a.**

Quels autres mots te permettront de situer la chronologie d'une action ? ..................................

# Speaking

Élève-vidéo · Classe 2-5-7 · Book p. 79

## 7 Pronunciation

**a.** **Réécoute Tracy et relie *was, wasn't* et *were* avec le bon animal du *Phonetic zoo.***

*It wasn't him – perhaps it was the others who were here before us.*

☐ was •

☐ wasn't •

☐ were •

• /æ/

• /ɒ/

• /ə/

### Intonation

**b.** **Écoute les questions de Ben et du *prefect* et entoure la bonne intonation (↗ ↘).**

**Ben:** What have you got? ↗ ↘

**Prefect:** What's going on? ↗ ↘

**Prefect:** What's this mess? ↗ ↘

> **Maintenant complète la règle.**
>
> Les questions commençant par *What* ont une intonation .......................................

## 8 Act out an extract from the dialogue.

**a.** **Réécoutez le dialogue puis jouez-le par groupes de trois.**

**Prefect:** What's going on?
**Ben:** Nothing. Why?
**Prefect:** What's this mess?
**Tracy:** The top was loose.
**Prefect:** I'm reporting you to the headmaster.
**Ben:** Me? Why me?
**Tracy:** It wasn't him – perhaps it was the others who were here before us.

**b.** **Complétez et jouez les dialogues ci-après par groupes de trois.**

**Pupil A:** What's going on?

**Pupil B:** ........................................................

**Pupil A:** .......................... this mess?

**Pupil C:** ........................................................

**Pupil A:** I'm reporting you to ............................. .

**Pupil B:** Me? ............................?

**Pupil C:** It ............................ (name of the pupil) – perhaps it was ............................ (name of other pupils) who were here before us.

## Reading

Book p. 79

### 9 Prefects.

**a. Say what the mail is about.**

The email is about ..................... .

**b. Read the first 4 lines and learn about Dan's French presentation.**

1. Write the words you understand: ............................................................................................ .
2. Copy the sentence about the teacher's reaction: ............................................................................
3. Now guess the meaning of the words "mark" and "so".
4. Put the words in the correct order and conclude: helped –Dan – thanks – Valentin – so – Dan – him.

..........................................................................................................................................

**c. Fill in the chart with information about prefects.**

| who? | clothes? | responsibilities? |
| --- | --- | --- |
| .................................................. | .................................................. | .................................................. |
| .................................................. | .................................................. | .................................................. |
| .................................................. | .................................................. | .................................................. |

*My teacher was impressed so I had a good mark.*
*They also have a badge so it's easy to recognise them.*

Observe les phrases et conclus : *so* permet de ........................ deux phrases.

Il sert à exprimer une .................................................. .

**d. Now you know about prefects, give information about Sam, Gemma, Tom and Sally.**

| | | |
| --- | --- | --- |
| 1. Sam and Gemma are older pupils • | | • a. she organises events. |
| 2. Gemma is a prefect • | | • b. they are responsible pupils. |
| 3. Tom is in Year 7 • | so | • c. he is a good prefect. |
| 4. Sally doesn't wear a badge • | | • d. she isn't a prefect. |
| 5. Sam helps other pupils • | | • e. he can't be a prefect. |

# Practising is fun!

Book p. 80

## 1 Last Christmas.

Write the description for each character in the pictures in your book.

1. The mother .......................................................................................................................... .
2. ....................................................................................................................................... .
3. ....................................................................................................................................... .
4. ....................................................................................................................................... .
5. ....................................................................................................................................... .
6. ....................................................................................................................................... .

## 2 At the lost property office.

**Passenger**

Fill in your bag with four objects from the list and get ready to answer the station officer's questions.

**The station officer**

Ask questions and fill in the form.

....................................

....................................

....................................

....................................

- ☐ an iPod
- ☐ an apple
- ☐ bananas
- ☐ coins
- ☐ a French test
- ☐ two books
- ☐ a mobile phone

## 3 Old and new Seafield schools.

**b.** Complete Jenny's letter to her nephew.

Mark Pearson,
6 Adelaide St,
St Albans,
Hertfordshire, AL2 8BH

Dear Mark,

Thanks for your picture of Seafield school. It's so different today!

In 1976,

.......................................................................................................................................

.......................................................................................................................................

.......................................................................................................................................

.......................................................................................................................................

.......................................................................................................................................

I hope you'll enjoy your time there!

Love from,

Auntie Jenny

# Grammar is easy!

Book p. 81

## 1 *So* (déduction)

**Relie les éléments avec *so* et écris les phrases complètes.**

| | | |
|---|---|---|
| 1. I'm ill • | so | • I listen to my favourite CDs. |
| 2. My dog is sad • | | • I must delete old mails. |
| 3. You mix blue and red • | | • I play with him. |
| 4. My email box is full • | | • I call the doctor. |
| 5. The TV is out of order • | | • the paint is purple. |

1. .......................................................................................................
2. .......................................................................................................
3. .......................................................................................................
4. .......................................................................................................
5. .......................................................................................................

## 2 *Be* au prétérit

**a.** **Choisis la bonne prononciation des formes en gras, puis lis les phrases à voix haute.**

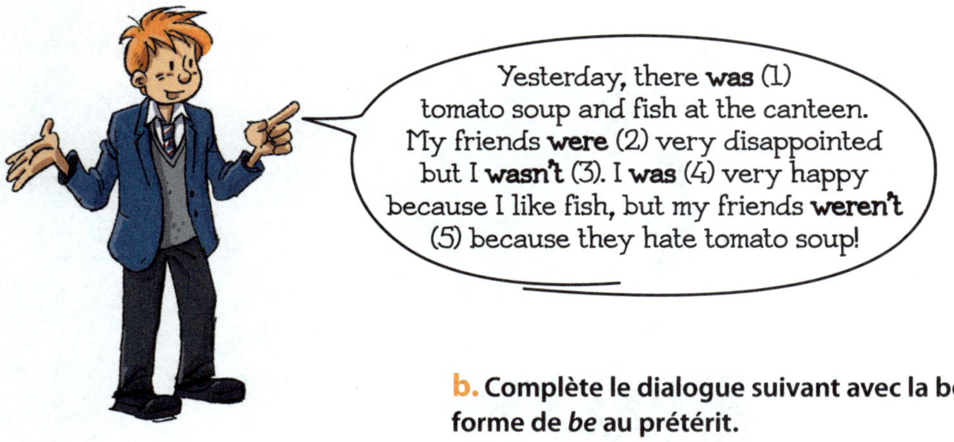


| | dog /ɒ/ | bird /ɜː/ | elephant /ə/ |
|---|---|---|---|
| 1. was | | | |
| 2. were | | | |
| 3. wasn't | | | |
| 4. was | | | |
| 5. weren't | | | |

**b.** **Complète le dialogue suivant avec la bonne forme de *be* au prétérit.**

ANDREW: Hey Stacy! Where .............. you yesterday?

STACY: I .............. at home with Bruce watching TV, Andrew! We .............. very tired. What about you?

ANDREW: I .............. at home: I .............. at the cinema. I'm glad you .............. at the cinema with me: the film .............. really bad!

On your own

## 1 Fun with words

**Trouve la solution aux anagrammes suivantes.**

D I W R O E R ........................

S O C R S ........................

F C P E T R E ........................

M A H S R E E A T D ........................

## 2 Fun with sounds

Élève-audio   Classe 2-8

**Répète ce *tongue twister* plusieurs fois sans bafouiller!**

My prefect's perfect because my perfect prefect says: If practice makes perfect and perfect needs practice, I'm perfectly practiced and practically perfect.

## 3 Fun with grammar

**Vrai ou faux? Réécris les phrases si nécessaire.**

They were friends.  ........................

She was a prefect.  ........................

The band was very bad.  ........................

The weather was fine.  ........................

Lesson 2

# Bath fun run

Audio

Cousins : Episode 7

## Understanding

Book p. 83

### 2 Find more clues.

**a. New information about the run.**

Note down the numbers you hear under the correct heading.

| time | number of participants | distance |
|---|---|---|
| ...................... | ...................... | ...................... |

**b. Describe the route and say what happened.**

1. Number the places on the route in chronological order.
2. Complete the captions. You can pick words from the box.

back · at · up · round · on · behind · through · past · in

a

...................... the ......................

b

...................... the ......................

c

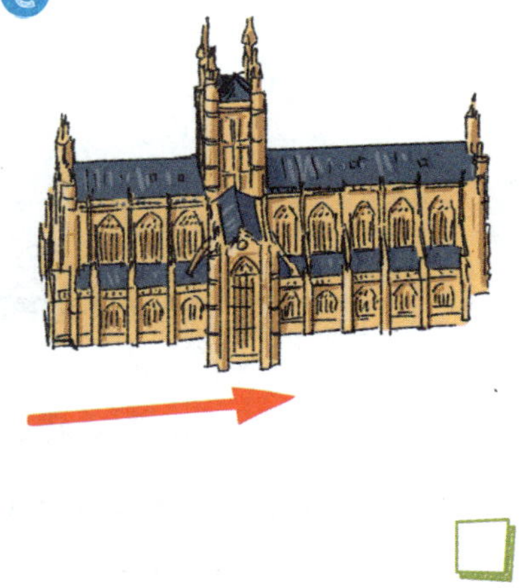

...................... the cathedral

d

.......... the ...................... Office

e

The Roman Baths

**3.** Listen again and help Jack write more captions for his blog.

Katie, Tom and I ..................... in the Bath fun run.

We ............ed at the station at 9:30.

Lots of people ............ed and ............ed .

After ............ miles, we ............ed the Roman Baths.

**c. The cousins' costumes.**

Spot Tom, Katie and Jack in their costumes and circle them.

## 3 Go further.

**a. Splash! What happened?**

**1.** Circle the words you hear.

Tom shouted • cheered • screamed.

Jack's shoes were fabulous • enormous • ridiculous so he smiled • shouted • tripped and fell to • into • through the Roman Baths.

**2.** Circle the right picture.

**b. Who helped Jack?**

Look at the picture on the blog in your book and listen to Jack's clue.

**Well done! Now you can draw animal n°3** WB Tests + tasks p. 30

Souviens-toi ! Jack raconte un événement qui a eu lieu ............................ .

**1. Complète le résumé ci-dessous avec les verbes qui conviennent et que tu as repérés à l'écoute.**

Yesterday, Katie, Tom and Jack ............................ in the Bath fun run.They ............................ at the station at 9:30. Lots of people ............................ and ............................ . When they ............................ the Roman Baths, Tom ............................ , Jack ............................ and fell. What a splash!

**2. Regarde les verbes.** On a ajouté ............................ à la fin.

**3. Maintenant, complète la règle :**

Pour parler d'un événement ............................ à la forme ............................ , on utilise la ............................................ . C'est le prétérit simple des verbes réguliers.

## Speaking

Élève-audio Classe 2-11 → Book p. 83

### 5 Pronunciation

**a.** Écoute et complète le tableau avec les verbes en fonction de la prononciation de *-ed*, /ɪd/, /d/ et /t/.

*Yesterday, Katie, Tom and I decid**ed** to participate in the Bath fun run. We arriv**ed** at the station at 9:30. The race start**ed** at the tourist office. Lots of people clapp**ed** and cheer**ed**. We enter**ed** the Roman Baths. Suddenly Tom shout**ed** but I tripp**ed**. The mascot of the run help**ed** me.*

| prononciation de *-ed* | base verbale | son final de la base verbale |
|---|---|---|
| /ɪd/ *decided* | *decide* | /d/ |
| .................... | .................... | .................... |
| .................... | .................... | .................... |
| /d/ *arrived* | *arrive* | /v/ |
| .................... | *cheer* | .................... |
| .................... | *enter* | .................... |
| /t/ *clapped* | *clap* | /p/ |
| .................... | .................... | .................... |
| .................... | .................... | .................... |

**Trouve la règle de prononciation !**

- Place ta main sur ta gorge et prononce les sons suivants : /p/ /v/ /r/.
- Quelle est la différence entre ces sons ?

/p/ ☐ vibration ☐ pas de vibration /v/ /r/ ☐ vibration ☐ pas de vibration

- Quand le verbe se termine par :

– un son qui vibre (ex. ........ ), *-ed* se prononce ........ ex. ....................

– un son qui ne vibre pas (ex. ........ ), *-ed* se prononce ........ ex. ............................ .

– /t/ ou /d/, *-ed* se prononce ........ ex. ............................................ .

# Practising is fun!

Book p. 84

## 1 Play the detective!

**a.** Suspect: look at the documents in your book and say where you were last December.

| | Mon. Dec 12th | Tues. Dec 13th | Wed. Dec 14th | Thurs. Dec 15th | Fri. Dec 16th |
|---|---|---|---|---|---|
| morning | | | | | |
| afternoon | | | | | |

Prepare your challenge

**b.** Detective: ask the suspect questions and find out about his/her activities.

| | Mon. Dec 12th | Tues. Dec 13th | Wed. Dec 14th | Thurs. Dec 15th | Fri. Dec 16th |
|---|---|---|---|---|---|
| morning | | | | | |
| afternoon | | | | | |

**c.** Write a report with the information.

On Monday afternoon, the suspect ..............................................................

..............................................................

..............................................................

..............................................................

..............................................................

## 2 Where was Jack?

Prepare your challenge

**Fill in the missing letters and help James and Sarah read Jack's postcard.**

Dear Mum and Dad,

I vis........ a beautiful city yes........y! It rain........ a lot but it w........ really warm. First, we visited the castle. It was my favo........ place. We ........re very lucky bec........ a band was playing music in the park in the ........noon. I lo........ it! Then, we watch........ a rugby game in the ev........ing. ........ were a lot of pe........ at the stadium and the game was amazing. I know everything about rugby now! ........ is really a great place! We even found the second animal for the competition: it's ........ anteater!

Love, Jack

Mr and Mrs Wilson
31 Edward Street
GLEBE 2037
Sydney, NSW
AUSTRALIA

# Grammar is easy!

Book p. 85

## 2 Prétérit des verbes réguliers

**Rédige la biographie de Steven Spielberg à partir des dates suivantes :**

**Date of birth:** December 18th 1946

**1958:** first short film at 12 (direct)

**1968:** first contract with Universal Studios (sign)

**1981:** first Indiana Jones movie (*Raiders of the Lost Ark*) (release)

**1982:** *E.T. the Extraterrestrial* (release)

**1991:** Kate Capshaw (marry)

**1993:** *Jurassic Park* (direct)

**1994:** First Academy Award for *Schindler's List* (receive)

**2011:** *The Adventures of Tintin* (release)

Steven Spielberg was born on December 18th 1946.

In 1958, he directed his first film.

In 1968, ..............................................................

..............................................................

..............................................................

..............................................................

..............................................................

..............................................................

..............................................................

..............................................................

..............................................................

## 3 Situer dans l'espace et décrire un mouvement

**Regarde le plan et décris l'itinéraire de la course à pied avec *at, through, past, round.***

The participants have to run (1) .............................. the school, (2) .............................. the square, (3) .............................. High Street and (4) .............................. the park. Finally they go (5) .............................. the park and arrive (6) .............................. the stadium.

# Roman Britain

Book p. 86-87

## D. Roman facts

Prepare your challenge

**1. Complete the missing elements then place them on the timeline.**

Beginning of the Roman occupation → ..............

End of the Roman occupation → ..............

Building of Hadrian's Wall → ..............

.................................................................................................... → 140 AD

.................................................................................................... → 44 BC

.................................................................................................... → 117 AD

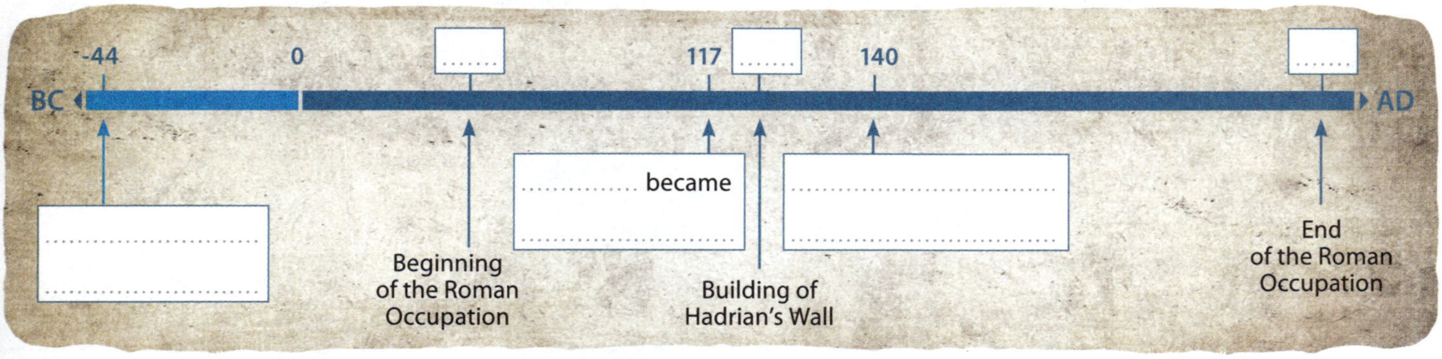


**2. A day out in Roman England.**

**a.** Use the Culture page in your book. Guess where the pupils were and fill in their speech balloons.

Prepare your challenge

**b.** Now underline the sentences the teenagers use to give opinions.

**c.** Are the opinions positive or negative? Write them in the appropriate column of the chart below.

| positive opinions | negative opinions |
|---|---|
| .................................................. | .................................................. |
| .................................................. | .................................................. |
| .................................................. | .................................................. |

On your own

## 1 Fun with words

**Remets les lettres dans l'ordre et retrouve les lieux désignés par les anagrammes.**

S N A O I T T ..............................

D L A C A H E T R ..............................

M N A E C I ..............................

T C L A S E ..............................

K R P A ..............................

## 2 Fun with sounds

**a. Mets les mots dans l'ordre et trouve le titre du post dans le blog de Jack.**

IN • TOM'S • ROMAN • BATH • THE • BATHS • BATH • IN

..............................

..............................

**b. Dis-le maintenant à haute voix !**

## 3 Fun with grammar

**"Why were you late this morning?"**

**Formule des excuses à partir des éléments ci-dessous en utilisant le prétérit.**

| | | |
|---|---|---|
| The traffic | visited | bad |
| I | was | my grandmother in hospital |
| My mother | missed | her clothes 3 times this morning |
| | changed | the bus |

..............................

..............................

..............................

**1.** Écris les mots que tu as appris dans le bon pétale.

**2.** Par équipe de quatre, tracez trois colonnes : /d/ /t/ et /ɪd/ sur une feuille.
Vous avez 5 minutes pour mettre un maximum de verbes au prétérit régulier dans les bonnes colonnes.
L'équipe avec la plus longue liste gagne !

# Unit 7 • Take a break!

## Fun and games

Book p. 88

Élève-audio · Classe 2-12

**1.** **Listen to the poem and say which game Katie, Jack and Tom are playing.**

..............................................................................................................................

**2.** **Listen again and circle the right intonation for the questions.**

| | | |
|---|---|---|
| Which game would you two like to play? | ↘ | ↗ |
| Whose turn is it to throw the dice? | ↘ | ↗ |
| …why did you go? | ↘ | ↗ |

**3.** **Repeat the poem several times to learn it by heart then close your book and recite it!**

L'intonation .................... toujours à la fin des questions ................

## Lesson 1 Can I play?

Video or Audio Book p. 90

### Understanding

Élève-vidéo · Classe 2-14 Book p. 91

### 3 Identify the situation.

**a.** **The characters.**

**1.** Note the characters' names in the chart and circle the new boy's name.

**2.** Which instruments do they play?

| names | instruments |
|---|---|
| .................... • | •  guitar |
| .................... • | •  piano |
| .................... • | •  .................... |
| .................... • | • ? |

**b.** **The new boy's question.**

Fill in the speech balloon.

..............................................

## 4 Find more clues.

**a.** Listen to Ben and note important words and sentences in the chart. Then tick the right conclusions.

**b.** Now concentrate on Tracy's reaction, take notes and fill in the chart.

| Ben | Tracy |
|---|---|
| .......................................... | .......................................... |
| I say .......................................... | .......................................... |
| It .................... matter. | .......................................... |
| He .......................................... the band. | .......................................... |
| He is ☐ rigid, ☐ intolerant, | She is ☐ rigid, ☐ intolerant, |
| ☐ friendly, ☐ unfriendly, ☐ tolerant, ☐ flexible. | ☐ friendly, ☐ unfriendly, ☐ tolerant, ☐ flexible. |

## 5 Go further.

**a.** Circle the smileys that correspond to Ben's and Tracy's opinions.
Then complete the sentences from the dialogue to explain your answer.

| | Harry in the band? | | explanation |
|---|---|---|---|
| Ben | ☺ | ☹ | I've got a .......................................... |
| Tracy | ☺ | ☹ | Colin - but he's .......................................... |

**TIPS** Aide-toi du ton de la voix.

**b.** With the help of the context, which other adjectives could Tracy use to describe Colin?

☐ bad ☐ professional ☐ brilliant ☐ incompetent

**1.** **Aide-toi de 5a et complète les phrases.**

Harry is a .......................... player.

Ben is a guitar .......................... .

**2.** **Observe les mots que tu as écrits.**

**a.** Quelle est leur nature ? Ce sont des .............. .

**b.** Quel verbe reconnais-tu ? ..............

**c.** **Maintenant, complète la règle :**

En anglais quand on rajoute le suffixe ........ après de nombreux ........................, on les transforme en ........................ qui désignent .......................................... .

**Speaking** ➜ Book p. 91

Élève-vidéo · Classe 2-16

## 7 Word stress

Tracy: *Poor guy. Perhaps he is good.*

**a.** **Écoute l'extrait.**

**1.** Trouve le mot le plus accentué dans l'énoncé ci-dessus. ..............

**2.** Entoure la phrase équivalente.

I agree, perhaps he is good.

I agree, he is not good.

I disagree: perhaps you're wrong and he is good.

Quand on accentue l'auxiliaire en anglais, c'est souvent pour indiquer que ..........................
.................................... que l'interlocuteur.

## Reading

Book p. 91

### 8 Problem page.

**a. Complete the sentences and introduce the document.**

The text is an extract from ..................................... The author is .....................................

The date of the article is .....................................

**b. How do Liz's feelings change over time?**

1. Pick out time expressions and fill in the chart.
2. Now add two adjectives describing Liz's feelings.

| | before | now |
|---|---|---|
| **time expressions** | ..................................... ..................................... | ..................................... ..................................... |
| **Liz's feelings** | ..................................... | ..................................... |

**c. Find out what happened. Read the text and copy the people's actions under their names in the chart.**

| the pupils | Liz | her parents | the head teacher |
|---|---|---|---|
| .......................... | .......................... | .......................... | .......................... |
| .......................... | .......................... | .......................... | .......................... |
| .......................... | .......................... | .......................... | .......................... |
| .......................... | .......................... | .......................... | .......................... |
| .......................... | .......................... | .......................... | .......................... |
| .......................... | .......................... | .......................... | .......................... |
| .......................... | .......................... | .......................... | .......................... |

1. Which verbs do you know?
2. Which verbs are transparent verbs?
3. Guess the meaning of the other verbs and check with your teacher.

**d. Find the reason why Liz was a victim of bullying.**

..........................................................................................................................

**e. Use the following words in the right order to complete the definition of bullying.**
regularly – another pupil – insult – attack – and

Bullying at school is when pupils .......................................................................... .

Complète la phrase suivante à propos de Liz et de son attitude face à l'école l'année dernière.

I ..................... to school, I ..................... eating and I ..................... anymore...

**Maintenant, complète la règle :**

Pour parler d'un événement ..................... à la forme négative, on utilise l'auxiliaire ..................... suivi .......................................

## Practising is fun!

Book p. 92

### 3 Play the reverso game.

Prepare your challenge

**Match the following elements to find the questions. Use pens of different colours.**

- Who is •
- Which is •
- Why is •

- • the queen of England?
- • a symbol of Wales, the leek or the carrot?
- • the capital city of Australia, Canberra or Sydney?
- • Jamie Oliver a famous chef?
- • it interesting to go to Bath?
- • the famous male actor in the *Twilight* films?
- • it 9 a.m. in London when it is 10 a.m. in Paris?
- • the author of *Romeo and Juliet*?

## Grammar is easy!

Book p. 93

### 1 Noms en *-er*

**Remplis la grille de mots croisés avec les noms en *-er*.**

ACROSS

5. Someone who swims
6. Someone who writes
7. Someone who reads

DOWN

1. Someone who drives a bus
2. Someone who works
3. Someone who smokes
4. Someone who takes care of the garden

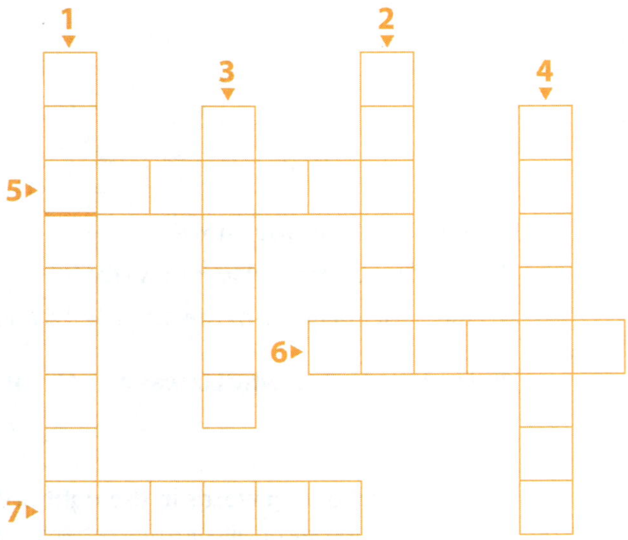

## 2 Le prétérit : forme négative

**Trouve ce que Sanjeev a fait dimanche, en complétant les phrases avec les verbes suivants au prétérit négatif :**
have – wake up – play – watch – hear – go – do.

Last Sunday I ................................ breakfast,
I ................................ to the park, I ................................
television, I ................................ with my brother and sister.
I ................................ anything because I ................................
my alarm clock and I ................................ on time!!!

## 3 Questions en *Wh-*

**a. Remets les questions dans l'ordre.**

1. TV show – do – which – you – on Saturdays – watch – ? ................................
2. video game – which – your – is – favourite – ? ................................
3. do – languages – speak – which – ? – you ................................

**b. Complète la conversation téléphonique entre Stacy et Bruce.**

**Bruce:** Stacy, .................... are you?

**Stacy:** I'm at home. .................... are you calling?

**Bruce:** Because I want to buy a present for Andrew's birthday. .................... is his favourite colour, green or purple?

**Stacy:** I think it's purple. ....................?

**Bruce:** Because I want to buy him a new shirt. .................... is his size?

**Stacy:** XL, I think. .................... is Andrew?

**Bruce:** Well, he's 12.

## 1 Fun with words

**Retrouve les mots suivants dans la grille :**
band – cards – fun – game – keyboards – lose – player – win.

| | | | | | | | | | | | | | | |
|---|---|---|---|---|---|---|---|---|---|---|---|---|---|---|
| M | O | N | K | W | A | X | K | L | W | F | B | C | M | C |
| P | U | N | E | K | O | M | O | W | U | K | M | U | O | A |
| F | S | V | A | I | H | S | P | K | J | Y | T | D | W | R |
| Q | M | Q | K | D | E | Y | P | U | O | C | F | B | J | D |
| T | Z | T | R | E | H | J | K | M | S | D | K | V | C | S |
| D | B | E | K | L | R | Z | I | S | V | T | N | N | Y | E |
| E | M | A | G | X | T | L | I | P | X | S | I | C | B | R |
| K | E | Y | B | O | A | R | D | S | L | P | W | Z | V | G |
| K | B | J | R | D | C | U | C | N | J | A | E | O | E | E |
| X | E | T | B | N | W | T | M | N | A | H | Y | E | F | I |
| A | T | J | N | W | J | I | Q | Q | Y | B | F | E | I | Z |
| V | F | O | R | W | U | A | D | H | K | Z | A | K | R | A |

## 2 Fun with sounds

Élève-audio — Classe 2-17

**Répète cette phrase très vite sans bafouiller !**
I live in a horrible house on a high hill.

## 3 Fun with grammar

**Complète les questions avec le mot interrogatif qui convient puis associe chaque question au dessin correspondant.**

a ............ is she crying?

b ............ is my bike?

c ............ is that man?

d ............ is your telephone number?

e ............ is my car?

# Lesson 2 A weekend in Scotland

Audio | Cousins : Episode 8

## Understanding

Élève-audio | Classe 2-18

→ Book p. 95

### 3 Find more clues.

**a. Find information about the places Peggy suggests.**

**1.** Fill in the chart.

| suggested places | what the characters say |
|---|---|
| .................... | **Peggy:** Well, there's ........ famous ........ in ........... … <br> **Tom:** We visited ........ last year with ........... … |
| Deep .................... | aquarium ..................................... <br> ..................................... |

**2.** Complete the sentence.

Peggy suggests visiting .............. and ........................... . Tom and Katie prefer to go to ........................... because ........................... .

**3.** How do you get there? Tick the right form of transport.

| taxi | train | 43C bus | 23B bus |
|---|---|---|---|
| ☐ | ☐ | ☐ | ☐ |

**4.** Now listen again and complete the dialogue.

"You can take .............. to the station and then .............. . Er, .............. is it to the station again? Ah yes, .............. . And ..............? Oh there's .............. from Edinburgh to North Queensferry every hour."

**b. What is the problem between Tom and Katie?**

**1.** Listen and complete the dialogue.

**Tom:** Katie .............. really .............. of the .............. …

**Katie:** Very funny… Tom, .............. you .............. her?

**2.** Now circle the correct picture(s).

## 4 Go further.

**a. The Great British Isles Safari Competition.**

**1.** Listen again to Peggy and complete the sentence.

**2.** Now tick the poster that gives the clue. Then look at p. 98 in your book.

☐

☐

☐

**b. What is the fourth animal?**

The fourth animal is ..........................................

**Well done! Now you can draw animal n° 4.** ➡ WB Tests + tasks p. 30

**1. Reprends les parties de dialogues que tu as complétés en 3a.**

There's ☐ famous .................... in ....................../We visited ☐ .............. last year.

Peggy utilise l'article indéfini ....... pour signaler l'existence d'un zoo à Edimburgh.

Tom ............. le zoo d'Edimburgh parce qu'il y est allé l'an dernier. Il emploie l'article défini ........

**2. We're looking for exciting activities./You can swim with the sharks.**

Mets les groupes nominaux en bleu au singulier :

We're looking for ..................................... You can swim with .....................

**3. Reprends la conversation entre Tom et Katie en 3b.**

**Tom:** Katie ............. really ............. of the ............. ...

**Katie:** Very funny... Tom, ☐ ☐ you ☐ her?

Il s'agit d'actions .................... et le temps utilisé ici est le prétérit.

Katie pose ......................... à Tom.

Le schéma de cette question est : Mot interrogatif + ....... + sujet + ...................... + complément + ?

## Speaking

Book p. 95

### 6 Pronunciation

**a.** **Écoute les deux extraits et relie *a/an* et *the* aux animaux phonétiques correspondants.**

**an** amazing aquarium • **the** sharks • **the** instructors • **a** famous zoo

/e/  /æ/  /ə/  /iː/ 

**Complète la règle :**

*A/an* se prononce avec le son ..... de .................... *The* se prononce avec le son ..... de .................... sauf devant un mot qui commence par une .................... : dans ce cas, *the* se prononce avec le son ..... de ....................

### 8 Scottish accent.

**a.** **Entoure la lettre que Peggy prononce différemment :** b – r – s.

**b.** **Répète les paroles de Peggy en imitant son accent.**

*Then you must go to Deep Sea World. It's an amazing aquarium.*

*It's in North Queensferry, outside Edinburgh, near the Forth Bridge.*

*There are many exotic fish and you can swim with the sharks. Yes, with the sharks!*

*But don't worry, you are with the instructors!*

## Practising is fun!

Book p. 96

### 3 The ruined homework.

Prepare your challenge

**Help Katie complete the questions with the words in the list below.**

countries – Prime Minister – nationality – was – did – write – When – How old

Which .................... make up the UK?

What .................... .................... King George I?

Who is .................... of the UK?

What .................... Shakespeare .................... ?

.................... did Queen Victoria reign?

.................... was Princess Diana when she died?

# Grammar is easy!

Book p. 97

## 1 Les articles *a/an/ the/Ø/*

**Entoure la ou les bonne(s) réponse(s).**

1. I visited a/an/Ø museum yesterday.
2. A/An/Ø/The museum was really interesting.
3. A/An/Ø/The Eurostar trains to London leave from France and Belgium.
4. We like a/an/Ø/the fun activities.
5. I have two pets, a/an/Ø/the cat and a/an/Ø/the dog.

## 2 Whose turn is it?

Prepare your challenge

**Complète le dialogue.**

JODIE: Let's start the game! .............................. is it to start?

SAMY: It's .............................. turn! I'm first. OK.

Now ..............................?

NASEEM: It's .............................. turn! She's the second player.

JODIE: And now, ..............................?

JEREMY: It's ..............................! She's the third player.

And after that it's ...............................

## 3 Questions en *Wh-* au prétérit.

**Stevo aimerait avoir des nouvelles de Jack. Aide-le à préparer ses questions en remettant les questions dans l'ordre.**

1. did/When/go/to Edinburgh/you/? ..............................
2. buy/you/?/Where/did/this shirt ..............................
3. the aquarium/visited/who/? ..............................
4. you/eat/did/yesterday/?/what/ ..............................
5. bus/why/you/take/did/the/? ..............................

Culture page

# The Royal Tattoo

Book p. 98-99

## A. The event

**1. Complete the sentences to introduce the document.**

The document is ................................................ because I can read "............................"

and ............................ asks ...................................................... questions.

**2. Explain what the Royal Edinburgh Tattoo is.**

a. Complete the chart.

| | |
|---|---|
| **transparent words in the text** | ..................................................................................... <br> ..................................................................................... <br> ..................................................................................... |
| **where (place(s) mentioned)** | ..................................................................................... |
| **when (date(s) mentioned)** | ..................................................................................... |

b. Now use the right words to complete the sentences and explain what the Royal Tattoo is.

The Royal Tattoo is a ............................ with ...................................................... that takes place ...........................
....................................................................................... It is so .................... that it is .................... in many countries.
The biggest .................... is a ............................., the .................... of the Royal Regiment of Scotland.

## Your challenge!

Book p. 99

### Do a quiz!

Examples of questions you can ask:

**Famous people**
Who first walked on the moon? – Who played Edward Cullen in the *Twilight* films?

**Cousins story**
Which was the animal to find in Cardiff? – Where did they visit a big aquarium?

**Video story**
Where did Ben and Steve play pool in Unit 2? – Why was the prefect angry with Ben in Unit 6?

**Geography**
What's the capital city of the US? – What/Which countries make up the UK?

**Culture**
What time is it in Paris when it's 2 in London? – When did Columbus discover America?

## 1 Fun with words

**Remets les lettres de ces cinq mots dans l'ordre puis retrouve le mot mystérieux (indice : il s'agit d'une ville).**

F F O I C E — 2

R I S T U O T — 3

K E R L C — 4

K A R S H — 5

A M E R A C — 1

**Mot mystérieux :** _ D _ N B _ _ G _

1 2 3 4 5

## 2 Fun with sounds

**Lis tout haut les phrases ci-dessous et recopie les mots soulignés dans la colonne correspondant au son de l'article.**

It's **the** adventure of **the** century!

**The** cinema is great but **the** exit is hard to find.

**The** advantage of public transport is **the** price.

| /ə/ | /iː/ |
| --- | --- |
| .............................. | the (adventure) |
| .............................. | .............................. |
| .............................. | .............................. |

## 3 Fun with grammar

**Entoure l'intrus de chaque ligne et retrouve le message mystérieux.**

**a.** YOU CAMERA SHARK BALL

**b.** IS LIKES HAS MUST

**c.** I HE SHE FIND

**d.** MUST THE CAN MUSTN'T

**e.** LONDON EDINBURGH PONY CARDIFF

→ ..........................................................................

**1.** Écris les mots nouveaux que tu as appris dans le pétale correspondant.

**2.** À deux, vous allez dicter chacun votre tour 10 mots au choix dans la liste. Échangez et corrigez vos brouillons : celui/celle qui a fait le moins d'erreurs remporte le défi !

# Unit 8 • You've got talent!

## We are friends ➜ Book p. 100

Élève-audio

**1.** Guess who the famous four are. Clue: one of their famous songs is *Yesterday*. ➜ Book p. 110

.............................................................................................................

Classe 2-22

**2.** Listen to the song and find the words related to the verbs *dance*, *sing* and *run*.

| | verb | noun |
|---|---|---|
| dance | .......................... | .......................... |
| sing | .......................... | .......................... |
| run | .......................... | .......................... |

> **Quel est le temps de ces verbes?**
>
> Ils sont utilisés avec le mot ......................
>
> donc ils sont au ......................
>
> .......... et .......... sont des verbes irréguliers.

**3.** Listen to the verbs and match them with the right phonetic animal.

danced •
sang •
ran •

• /æ/ 

• /ɑː/ 

**4.** Now sing along!

## Lesson 1 — A great discovery! Video or Audio

### Understanding

Élève-vidéo — Classe 2-24 ➜ Book p. 102

### 3 Identify the situation.

**a.** Describe the different parts of the episode.
Write a caption for each picture or turn your Workbook and cross out the wrong caption(s).

..........................................................................................

Tracy is looking at Harry through the window.
She is watching the band.
Harry is playing keyboards.

..........................................................................................

Tracy is in the street.
She's practicing on the drums.
She's on the phone.

Ben and Harry are at home.

Harry is talking to Ben.

They are talking about the maths homework.

There are boys and girls in the band.

They are practising in the gym.

Now, they are practising music with Harry.

## 4 Find more clues.

**a. Who is Tracy calling and why?**

Write down her questions.

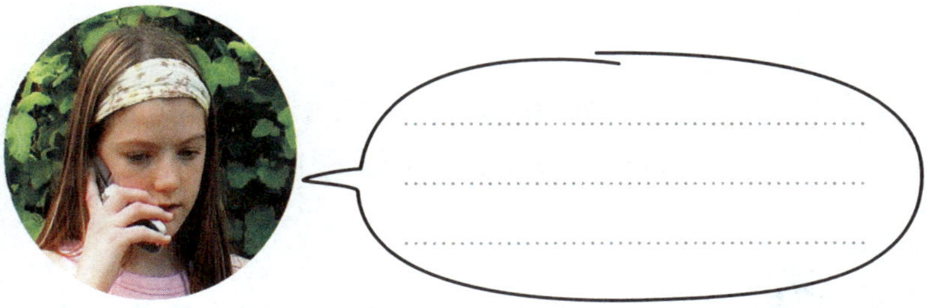

**b. Why is Ben talking to Harry?**

1. Concentrate on Ben and write down what you hear about the band.

........................................................................................................................................

2. Note down Ben's question to Harry.

........................................................................................................................................

3. With the help of your answers to 4a, rephrase Ben's question.

........................................................................................................................................

**c. How does Harry react?**

Circle the correct picture and conclude.

Harry is ..............................................

**1. Complète les questions.**

Tracy dit à Ben: .................... don't you .................... over?

Ben dit à Harry: .................... you ....................?

**2. Complète la phrase suivante:**

Dans les deux cas, Tracy et Ben .......................................................... à leur camarade. Pour ........ .................................................. à quelqu'un en anglais, on utilise : .......... don't you + .................... + ?

## Speaking

Élève-vidéo · Classe 2-27-28 · Book p. 103

### 7 Pronunciation

**a. Souligne les mots que tu entends clairement.**

I'm at home.

Well, there's band practice at 4.30 today.

We're happy to have you, Harry.

**b. Entoure les mots qui sont difficiles à reconnaître.**

**c. Trouve l'animal phonétique auquel correspondent ces mots dans ton *Phonetic zoo*.**

..........................................................................................................................................

Les prépositions ........ et ........ ne sont pas .................................... dans la phrase.
Elles sont prononcées avec le son /ə/ de ....................................

### 8 Complete a dialogue then act it out with a classmate.

**a. Écoute le début du dialogue et remplis le tableau avec de nouveaux *gap fillers*.**

| | | | |
|---|---|---|---|
| **pour faire une remarque** | Well | .............................. | .............................. |
| **pour dire qu'on est d'accord** | .............................. | .............................. | .............................. |

**b. Complète le dialogue avec les *gap fillers* pour le rendre plus authentique.**

**A:** Hi, have you got a second?

**B:** ........................................ What about?

**A:** ...................., about tomorrow's party.

**B:** ........................................ What's the matter?

**A:** ...................., we need to buy some food and drinks. Can you come?

**B:** ...................., I can't, I have band practice this afternoon. Sorry!

**c. Maintenant, joue le dialogue avec ton voisin.**

## Reading

Book p. 103

### 9 Read Gemma and Lauren's conversation.

**a. Identify the document.**

1. Look at the document and tick the right answer.

The document is ☐ a chat ☐ a forum ☐ a blog page.

2. Find two words or signs specific to the document and rewrite them correctly.

Ex. *2night* → *tonight*

I ❤ their music → ........................................ 4 me → ........................................

**b. Read the first line of the document. Note down the keywords then complete the sentence to explain what they are talking about.**

..........................................................................................................................................

The conversation is about ...................... given by ..........................................................................

**c. What is Gemma's opinion on the band? Explain.**

..........................................................................................................................................

**d. Now list what Lauren thinks about the band.**

| | |
|---|---|
| Their music is… | .......................................................................... .......................................................................... |
| They are… | .......................................................................... |

**e. Circle the instruments in the band.**

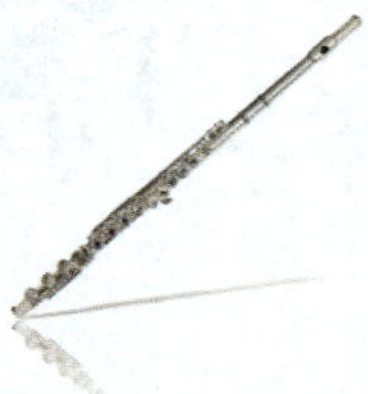

**f. Find a synonym in the text for *not creative enough*:** ..........................................................................

**g. Will Lauren go to the concert? Justify.**

..........................................................................................................................................

**1. Lorsque Lauren exprime son avis sur le groupe, elle se justifie.**
Relis ce que tu as écrit en 9 **d.** et complète la règle :
En anglais, on utilise *too* + adj. pour dire qu'une chose est ............... "comme ci" et *not* + adj.
+ ........................ pour quelque chose ...................................... "comme ça".

**2. Relis le texte et les avis de Gemma et Lauren puis complète ce qu'elles disent.**
GEMMA: I ........................ love their music! They're ........................ good!
LAUREN: They're ........................ not creative enough.
Les mots que tu as complétés sont des adverbes. En général, ils se placent ........................
le verbe ou l'adjectif. Ils permettent ici de ........................ l'avis des deux filles.

**3. As-tu remarqué ?**
Pour construire ces adverbes, on a pris les adjectifs total, ........................ et ........................
auxquels on a ajouté ..........

# Practising is fun!

Book p. 104

## 1 The Music Man.

Élève-audio · Classe 2-30-31

**b.** Look at your book and write what each person is doing.

Ex: *Number 1 is playing the drums.*

..............................................................................................................................

..............................................................................................................................

..............................................................................................................................

**c.** Listen and circle all the instruments named in the song.

**d.** Change the names of the instruments then sing along!

Prepare your challenge

I am the Music Man

I come from down your way

And I can play…

What can you play?

I play the…

## 3 What's your taste in music?

**a.** Complete the fact sheet about your taste in music.

**b.** Interview your classmate then complete the fact sheet about his/her taste in music.

| | you | your classmate |
|---|---|---|
| favourite band | ............................ | ............................ |
| reasons why you like them | ............................ | ............................ |
| favourite song | ............................ | ............................ |
| band you hate | ............................ | ............................ |
| reasons why you don't like them | ............................ | ............................ |

# Grammar is easy!

➜ Book p. 105

## 1 La suggestion avec *Why don't you…?*

**La maman de Sam n'en peut plus de voir son fils affalé devant la télé. Aide-la à lui proposer des activités alternatives. Utilise *Why don't you… ?* avec un des éléments ci-dessous et le verbe qui convient.**

book | museum | homework | basketball | friends

............................................................

............................................................

............................................................

............................................................

## 2 Exprimer son avis avec *too* ou *not… enough*

**Reformule avec *too* + adj. ou *not* + adj. + *enough* et les adjectifs suivants :**
old – high – boring – modern – slow.
Ex. *The maths homework is too easy.* → *The maths homework is not difficult enough.*

1. The film is not interesting enough. → ............................................................
2. This boy is too young to have a job. → ............................................................
3. Queen's song *We are the champions* is too old-fashioned. → ............................................................
4. This cat is not fast enough to catch a mouse. → ............................................................
5. I can't hear anything! The volume is too low. → ............................................................

## 3 Les adverbes intensifieurs

**Aide les membres du jury de l'émission *New Music Star* à formuler leur avis sur la prestation d'un candidat.**

Prepare your challenge

**a. Crée tes propres adverbes intensifieurs.**
Ex. *total* → *totally*

extreme → ..............................   absolute → ..............................

complete → ..............................   amazing → ..............................

**b. Complète leur verdict.**

The song was .............................. good! The performance was .............................. amazing! I .............................. liked it!

The song was .............................. overdone! The performance was .............................. ridiculous! I .............................. hated it!

## 1 Fun with words

**Fais le mots croisés et trouve l'instrument préféré d'Andrew.**

**ACROSS**
a. Opposite of fast
b. Opposite of quiet

**DOWN**
c. Opposite of boring

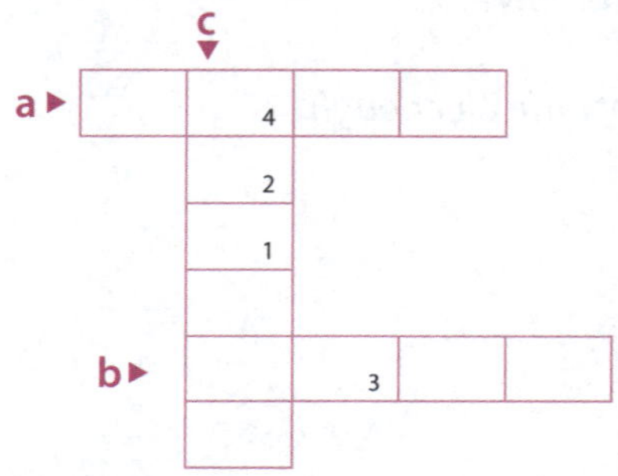


| 1 | 2 | 3 | 4 | 2 | ☒ |
|---|---|---|---|---|---|
| | | | | | N |

L'instrument préféré d'Andrew n'est pas le didjeridoo mais le .......................... !

## 2 Fun with sounds

**Choisis un instrument pour compléter les phrases en les faisant rimer avec les mots en gras.**

I can't hear you on the **phone** because my brother's playing the ..........................

I can't get into the **car**, because of my ..................

## 3 Fun with grammar

**Reconstitue les questions, retrouve celle qui convient et écris-la dans la bulle.**

WHY/LATE/YOU/SO/ARE/?

..................................................................

THERE/CONCERT/YESTERDAY/WAS/A/?

..................................................................

YOU/WITH/WHY/DON'T/COME/ME?

..................................................................

ANGRY/YOU/ARE/?

..................................................................

# Lesson 2 Celtic music

Cousins : Episode 9

## Understanding

Book p. 107

### 2 Identify the situation.

**Read the postcard and fill in the chart with the characters, the place and the date.**

| | |
|---|---|
| From | ........................................ |
| To | ........................................ |
| Where is Jack? | ........................................ |
| Where is Stevo? | ........................................ |
| Date? | ........................................ |

### 3 Find more clues.

**a. Where did the cousins spend the weekend and where are they now?**

1. Read the postcard again and look at the map. Circle the places mentioned in the postcard.

2. Now write the names of the places in the right boxes.

Last weekend ........................................ ........................................

Now ........................................ ........................................

**b.** **What happened?**

Number the activities in chronological order then write the words corresponding to the pictures.

☐ ............................................

☐ ............................................

☐ ............................................

☐ ............................................

☐ ............................................

☐ ............................................

## 4 Go further.

**a.** **Danny and his band.**

**1.** Complete the sentence about Danny.

Danny is ............................................................................

**2.** Now, find information about his band and fill in the blanks.

Name of Danny's band: ............................................................

Type of music: ............................................................

Jack's opinion: ............................................................

**b.** **Jack's opinion on Celtic music.**

Fill in the blanks with adjectives explaining Jack's opinion on Celtic music.

**before** **now**

............................................................ ............................................................

**c.** **Competitions.**

**1.** Find the name of the last animal in the postcard: ............................................................

**Well done! Now you can draw animal n°5.** ➡ WB Tests + tasks p. 30

**2.** Find what other competition is mentioned. Justify with a sentence from the text.

............................................................................................................

............................................................................................................

Culture

Élève-audio Classe 2-33

An Irish legend: a leprechaun /leprəkɔːn/ is a small man with magical powers.

**Observe les verbes que tu as écrits en 3 b.**

**1.** **Dans sa carte, Jack parle de ses activités du weekend** .............................. donc ces verbes sont au .................... Ils sont conjugués au prétérit simple.

**2.** **Recopie ici les verbes avec les deux mêmes dernières lettres :** ..............................................

Ces verbes se terminent par .......... au prétérit simple. Ce sont des verbes réguliers.

**3.** **Recopie maintenant les autres verbes que tu as écrits en 3 b :** ..............................................

Que remarques-tu à propos de leurs terminaisons ? Ils sont tous ........................

Peux-tu les associer à leur base verbale ?

sent • • find
bought • • send
found • • buy

Qu'observes-tu ? Ils ......................... de forme.

**4.** **Conclus :**

En anglais, au prétérit, il y a .................... catégories de verbes. Les verbes réguliers qui se terminent par .........., et les verbes irréguliers qui ..................................

## Speaking

Élève-audio · Classe 2-34-37

Book p. 107

### 6 Spelling and pronunciation

**a.** **Mots en** ***-ea***

**1.** Écoute Stevo lire sa carte postale et trouve les animaux phonétiques pour les mots contenant *-ea*.

| | /iː/  | /eɪ/  | /e/  | /ɪə/  |
|---|---|---|---|---|
| dear | | | | |
| hear | | | | |
| really | | | | |
| great | | | | |

**2.** Écoute ces phrases et trouve les animaux phonétiques correspondant à *reading* et *read*.

I'm **rea**ding a magazine. ..................................

Yesterday, I **rea**d a book. ..................................

Au présent, *read* se prononce avec le son de .................... ; au passé, *read* se prononce avec le son de ....................

**b.** **Écoute les mots suivants et entoure la bonne prononciation.**

| | | | | | |
|---|---|---|---|---|---|
| Celtic | /s/ | /k/ | bought | /ɔː/ | /aʊ/ |
| leprechauns | /s/ | /k/ | mountain | /ɔː/ | /aʊ/ |

**c.** **Écoute et barre la lettre qui ne se prononce pas.** answer – climbed

# Practising is fun!

Book p. 108

## 1 In my opinion…

**b. Match the opposites.**

| | |
|---|---|
| repetitive • | • rubbish |
| fast • | • quiet |
| brilliant • | • varied |
| modern • | • cheerful |
| sad • | • slow |
| short • | • long |
| loud • | • old-fashioned |

**c. Write the words in the positive or negative columns.**

rubbish – cheerful – old-fashioned – brilliant – repetitive – sad – varied

| ☺ | ☹ |
|---|---|
| ............................................................ | ............................................................ |

## 2 Create a playlist.

**a. Choose four songs you like and write the artists' names.**

Prepare your challenge

**b. Swap your playlist with your friend and give your opinion on the other person's playlist.**

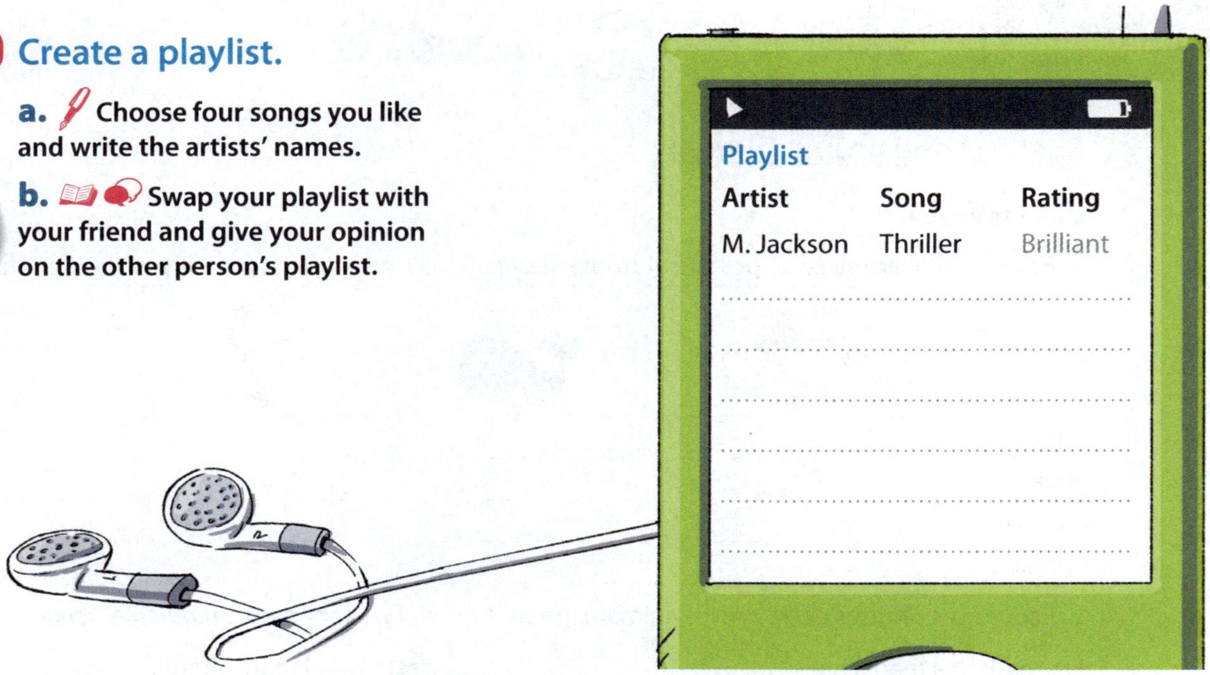

**Playlist**

| Artist | Song | Rating |
|---|---|---|
| M. Jackson | Thriller | Brilliant |
| ........ | ........ | ........ |
| ........ | ........ | ........ |
| ........ | ........ | ........ |
| ........ | ........ | ........ |
| ........ | ........ | ........ |
| ........ | ........ | ........ |

## 3 Review Danny's concert for a music magazine.

**Help the journalist write his review using the words in the boxes in your textbook.**

**Yesterday**, The Leprechauns ............................................................ There was a long queue ............................. This Celtic band .............................! People .................... a long time ............................. and ............................................................ songs. Then, everybody .................... and ............................. their first songs immediately. The audience .................... because the show ............................. Their music ............................. and many people .................... their .................... and ....................

# Grammar is easy!

➜ Book p. 109

## 1 Prétérit : forme affirmative des verbes réguliers et irréguliers

| base verbale | prétérit |
|---|---|
| buy | .................................. |
| .................................. | told |
| find | .................................. |
| read /i:/ | .................................. |
| .................................. | sent |
| win | .................................. |
| see | .................................. |

**a.** Remplis le tableau ci-contre et mémorise les verbes irréguliers.

**b.** Cache la colonne de droite et retrouve les formes de prétérit.

**c.** Maintenant cache la colonne de gauche et retrouve les bases verbales.

## 2 Prétérit : formes négatives et interrogatives

**Aide Will the Wombat à écrire un courriel à Andrew en utilisant le prétérit.**

Dear Andrew,

How are you? I'm very excited! Last week, I ........................ (win) the waterpolo competition. I was very happy so I ........................ (invite) my friends to celebrate. They ........................ (buy) me a present and they ........................ (tell) me I was a champion! They ........................ (give) me a ticket for the Rockabilly's concert. Unfortunately, I'm small and I ........................ (not/see) the group on stage! And I ........................ (hear) the lyrics because the music was too loud. ........................ (like) their music.

I ........................ (find) the music disappointing because they ........................ (not/sing) well, but they were so funny! I ........................ (like) their dancing a lot. Oh, I ........................ (send) you a CD yesterday. ........................ (you/receive) it? ........................ (you/like) their music?

Well, hope to see you soon!

Will

xx

Culture page

# Music in the UK

Book p. 110-111

## A. British music is popular!

**2. Discover the Proms.**

Read the text and complete the information.

The Proms are: ..................................................

Place: ..................................................

First concert: ..................................................

Name of founder: ..................................................

His objective: ..................................................

## B. Five Currant Buns

Élève-audio — Classe 2-39

**1. Listen and understand.**

**a.** Match the words with the right pictures.

bun •

sugar •

currant •

a penny •

• 

• 

• 

• 

**b.** Listen to the song and number the pictures in the right order.

Prepare your challenge

**2. Complete the song with words that rhyme.**

top – day – shop – away

Five currant buns in a baker's ..................................,

Round and fat with sugar on the ..................................

Along came a boy with a penny one ..................................

Bought a currant bun and took it ..................................

## Your challenge!

Élève-audio — Classe 2-40-41

Book p. 111

Create your own song! Fill in the blanks and/or change some words. Then sing along respecting the rhythm of the song and the pronunciation of the words.

We are friends

We are the .......................... ..........................

We are good ..........................

Yesterday we .......................... together.

We are good ..........................

Yesterday we .......................... together.

We are good ..........................

Yesterday, we .......................... together.

We are friends

We are the .......................... ..........................

## 1 Fun with words

**Les huit mots se sont tous mélangés. Retrouve-les dans ce désordre.**

........................................................................

........................................................................

........................................................................

........................................................................

## 2 Fun with sounds

**Andrew veut te dire quelque chose, mais il n'a plus de voix !**

**Dis les sons des lettres soulignées à voix haute pour découvrir son message. Écris-le ensuite dans la bulle pour lui redonner la voix.**

climb hear great Celtic duck read plant snakes

## 3 Fun with grammar

**Retrouve la forme au prétérit des verbes suivants dans la grille :**

buy tell find read send win see.

| | | | | | | | | | |
|---|---|---|---|---|---|---|---|---|---|
| S | T | K | S | M | S | R | L | E | W |
| U | T | E | B | A | T | E | N | O | W |
| Z | N | Q | C | H | V | A | A | J | U |
| T | P | W | G | R | W | D | G | Q | M |
| T | T | U | A | Q | K | T | O | P | Q |
| S | O | X | G | S | A | Y | I | A | W |
| B | D | L | B | F | O | U | N | D | G |
| B | Z | G | D | P | N | M | I | W | N |

**1.** Écris les mots que tu as appris dans le bon pétale.

**2.** Choisis un mot dans ta fleur et joue au pendu avec tes camarades.

_ _ _ _ _ _

# Unit 9 • Let's go shopping!

## The present

➜ Book p. 112

Elève-audio · Classe 2-42

**1.** **Are the sentences below right (R) or wrong (W). Tick the correct answer and justify with words from the poem.**

The poem is about clothes. ❑ R ❑ W ..............................

Mum's name is Jean. ❑ R ❑ W ..............................

Mum is generous. ❑ R ❑ W ..............................

**2.** **Count the syllables in each line. What do you notice?**

..............................

**3.** **Rhymes: fill in the table with the right phonetic animal.**

| Jean<br>green | mum<br>sum | shirt<br>skirt | dress<br>mess |
|---|---|---|---|
| .................... | .................... | bird ɜː | .................... |

**4.** **Now repeat the poem and learn it by heart.**

## Lesson 1 The shirt

Video or Audio

### Understanding

Elève-vidéo · Classe 2-44-45

➜ Book p. 115

### 3 Identify the situation.

**b.** **What do they want to know?**

**1.** Watch or listen then fill in Steve's missing words.

.................... is it, then?

**2.** Now circle the right price of the shirt.

£99.29 £29.99 £39.99 £20.99

## 4 Find more clues.

**a. Ben and the shirt.**

**1.** Write down Ben's opinion about the shirt.

He thinks the shirt is .......................... but it's ...........................

**2.** Fill in the missing words to explain Ben's situation.

| | | | | |
|---|---|---|---|---|
| Ben's .................... has got ........................ | → | Ben's .............................. her .................. | → | He ................. Ben ................ too. |

**3.** What is the consequence?
Underline the right sentence.

I can buy it now!
I can't buy it. Not now!
I can't see it. Not now!

**b. Tracy's plan.**

**1.** What event are Tracy and Steve speaking about? Write it down.

They are speaking about .....................................

**2.** What does Tracy want to do? Choose one character and fill in his/her missing words.

| Steve | Tracy |
|---|---|
| I .................. get him something. | Well, .................. we .................. that ..............? |
| ..................? ..................? | You remember! The .................. in the |
| Oh, yeah, I know. But it's ..................! ..............! | .................. mall. Last weekend! |

**3.** Listen and find out how much each character will pay. Fill in the boxes.

Tracy : £.......

Jimmy : £.......

Steve : £.......

## 5 Go further.

**a. Ben's surprise.**

**1.** Complete the chart with the characters' feelings.

before — after

| Tracy, Jimmy | Steve |
|---|---|
| .......................... | .......................... |
| .......................... | .......................... |
| .......................... | .......................... |

| Tracy | Steve and Jimmy |
|---|---|
| .......................... | .......................... |
| .......................... | .......................... |
| .......................... | .......................... |

**2.** Now listen to what Tracy says and fill in the speech balloon.

**1. Écris la première question de Steve en 3 a.**

..............................................?

Dans cette question *it* fait référence au .............................

Que demande Steve dans cette question ? Il demande .............................

Donc, tu peux en conclure que pour demander .............. de quelque chose, on commence la question par .............................

**2. Maintenant rappelle-toi le sujet de la conversation téléphonique entre Tracy et Steve.**

Ils parlaient de ..................................................................................................

Écris maintenant la première phrase de Steve dans 4 b2 : ...............................................

Qu'indique cette phrase ? Elle indique que Steve .............. acheter quelque chose à Ben.

Pour dire que l'on veut faire quelque chose on utilise .............. + ........ + ....................

**b. Bonus.**

**Explain what happened. Complete the sentences with the correct form of the following words:**
give – help – money – yellow shirt – £30 – buy.

Harry ............................ Ben and ............................ him ............................ Ben ............................ the ............................ with the ............................

## Speaking

Élève-vidéo · Classe 2-47-48

Book p. 115

### 7 Pronunciation

**a.1. Écoute les mots suivants et relie-les à l'animal phonétique correspondant à leur voyelle.**

take •
try •
buy •
change •

• /eɪ/

• /aɪ/

**a.2. Qu'est-ce que ces mots ont en commun ?**

Ils contiennent deux sons .................... à la suite.

Ils s'appellent des diphtongues.

**a.3. Répète ces mots et ajoute-les à ton *Phonetic zoo*.**

WB p. 140

## Tone

**b.** **Écoute à nouveau la fin de la conversation et trouve le ton utilisé par Tracy, Jimmy, Steve et Ben :** happy and excited – embarrassed – nervous – relaxed.

**Tracy:** So, here we are. Everyone ready? ..................................

**Steve:** Yep. ..................................

**Jimmy:** I sure am. ..................................

**Steve:** Perhaps he's not here. ..................................

**Jimmy:** Take it easy, Steve. Give him a minute or two. ..................................

**Tracy:** I'll try again. ..................................

**Ben:** Hi, you lot. Thanks for coming round. Do you like this shirt? ..................................

And wow – a present! For me? Thank you guys. ..................................

**Steve:** Happy birthday, Ben. ..................................

**Jimmy:** Yeah – from all of us. ..................................

**Tracy:** Er, Ben – you can change it, if you want. OK? ..................................

## Reading

→ Book p. 115

### 9 Read the note.

**a.** **Fill in the chart with information from the text.**

| | |
|---|---|
| from | .................................................. |
| to | .................................................. |
| subject | .................................................. |
| Who is going shopping? | .................................................. |

**b.** **Write down Ben's mother's questions.**

..............................................................................................................

..............................................................................................................

..............................................................................................................

**c.** **Find the names of a dessert and a delicious drink in the text, then write down what Ben's mother needs to prepare them and fill in the blanks.**

She .......................... and ................ because she ................................................ for dessert

and .................................. .

**d.** **Circle what Ben's father wants.**

His father wants

**e.** Fill in the chart with all the prices you read in the text. Then say which items they refer to.

| £ | Things to buy |
|---|---|
| .................... | .................................................................................. |
| .................... | .................................................................................. |
| .................... | .................................................................................. |

**f.** How much money will Ben spend and how much will he have left?

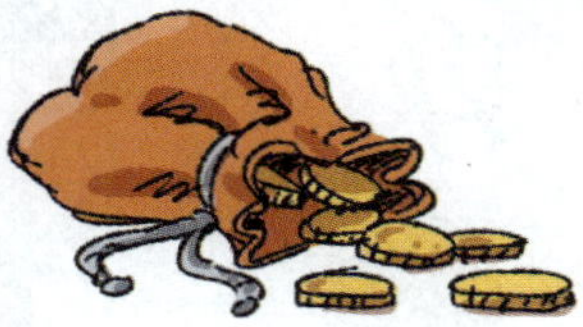

£...... – £...... = £......

**g.** Read the end of the text and guess what Ben's favourite activity is.

..........................................................................................................................................

**1.** **Que veut la mère de Ben dans les questions que tu as notées en 9 b ?**

Elle lui ................. d'acheter des choses. C'est une demande polie.

**2.** **Quel point commun remarques-tu ?**

Les demandes commencent toutes par .................

Le premier mot est un modal. À qui correspond le deuxième mot ? ................. C'est le ................. des questions.

Écris les verbes qui suivent *you* dans les trois demandes : .........., .......... et ..........

À quelle forme sont ces verbes ? C'est ...........................

Conclus et complète la règle: en anglais, pour faire une demande polie, on peut utiliser le modal ................. + ................. + ...........................

**3.** **Regarde maintenant ce que tu as marqué en 9 c.**

Comme tu l'as vu plus haut, la mère de Ben lui demande d'acheter des choses. Cela veut dire qu'elle en a ................. pour faire un dessert. Pour le dire elle utilise le verbe .................

**4.** **Complète maintenant la phrase suivante :**

Ben's mum ..................... make an apple pie and a banana milkshake for dessert and his dad ................. the newspaper.

La première phrase indique que la mère de Ben ................. quelque chose et la deuxième que le père de Ben ................. quelque chose.

**5.** **Conclus et complète la phrase :**

En anglais, pour dire que l'on a ................. de quelque chose, on utilise le verbe .................

Pour dire que l'on ................. quelque chose, on utilise .................

Pour dire que l'on ................. quelque chose, on utilise ................. + ........ + ...........................

# Practising is fun!

Book p. 116

## 1 At the bank.

Élève-audio · Classe 2-49

**a.** Listen and number the pictures in the right order.

**b.** Find out how many banknotes and coins you need to make up €30. Fill in the blanks. There are different possibilities.

€30 ≈ ........

## 2 You want to buy new clothes.

Prepare your challenge

**c.** Ask your partner questions to find the missing prices and fill in your price tags. Then answer his/her questions.

Pupil A

Pupil B

# Grammar is easy!

Book p. 117

## 1 How much?

**Choisis deux gâteaux et demande à la vendeuse combien ils coûtent, puis renseigne-toi sur le prix de trois muffins, et sur le prix de quatre scones.**

Ex. *How much is the apple pie?*

............................................................ ............................................................

............................................................ ............................................................

............................................................ ............................................................

## 2 *Could*: demande polie

**Demande poliment à la vendeuse un type de gâteau avec une sauce d'accompagnement.**

Ex. *Could you please give me a muffin with custard?*

1. ............................................................
2. ............................................................
3. ............................................................
4. ............................................................

## 3 Want/need

**C'est bientôt l'anniversaire de Nick. Il prépare une liste de cadeaux et d'activités qu'il aimerait faire à cette occasion. Remets les phrases de son brouillon dans l'ordre.**

1. beach/the/to/want/I/go/to/. ............................................................
2. want/I/sunglasses/new/. ............................................................
3. need/beach volley/new/ball/to play/with my friends/I/a/. ............................................................
............................................................
4. need/new/a/I/pair of shorts/. ............................................................
5. with/have fun/to/my friends/want/I/. ............................................................

What has a head and a tail,
is brown and has no feet? A penny!

## 1 Fun with words

**Retrouve les mots qui correspondent aux dessins.**

_ O _ N

_ O _ N _

_ A N _ _ O _ _

## 2 Fun with sounds

Élève-audio / Classe 2-50

**Slam it!**
**Dis le slam en insistant bien sur les syllabes accentuées.**

Could you give me a penny?
I haven't got any money!
I want to buy…
An expensive pen
And a cheap yellow shirt.
It's not for me
It's for my daddy.

## 3 Fun with grammar

**Be polite!**
**Aide cette petite fille à être bien élevée.**
**Transforme ses phrases en demandes polies.**

Give me my pen! → ……………………………………………

Read me a story! → ……………………………………………

Buy me a lollipop! → ……………………………………………

Give me a cupcake! → ……………………………………………

Play with me! → ……………………………………………

# Lesson 2 Welcome to M&D! Audio Cousins : Episode 10

## Understanding

Book p. 119

### 2 Find more clues.

**a.** **Where are the cousins? Circle the sounds you hear and put them in chronological order.**

 ☐
 ☐

☐
 ☐

 ☐
 ☐
 ☐
 ☐

**b.** **Find out more about the T-shirt.**

| place | person the T-shirt is for | details about the T-shirt | money |
|---|---|---|---|
| City: ..................................<br>Shop: .................................. | ........................<br>........................ | ..................................<br>.................................. | ..................................<br>.................................. |

### 3 Go further.

**a.** **Details about the clothes Jack tries on.**

**1.** First, look at the list below and underline the words you hear.

cool – fashionable – tall – small – big – real – good – cheap – expensive – ugly – lovely – too bad – not bad – long – short – soft – warm – perfect – favourite

**2.** Now, listen again. Choose Jack or Katie. Take notes and fill in the chart.

| |  |  |
|---|---|---|
|  | ..............................................<br>..............................................<br>..............................................<br>That's ........................ in Australia.<br>.................. are ........................ over there. | not ...................<br>..............................................<br>It's ........................ my winter jacket. |
|  | a little ...................<br>You need a ................... size.<br>Well, buy it! | ..............................................<br>The weather's ................... in Australia<br>.......... it's .................... |

**b. Find information about the cousins' order.**

**1.** Tick the correct clock.

**2.** Where are they at that time?

They are in a café on the ................................ .

**3.** Circle what the cousins order.

**4.** Note down how much the order comes to.

Their order comes to ....................................... .

**c. Complete the phone screens and find why they leave so quickly.**

**À l'aide de 3 a, complète les bulles :**

**1. Dans les phrases que tu as complétées,** Jack ................ sa veste d'hiver à celle qu'il est en train d'essayer, Katie ................ le temps qu'il fait en Australie et en Angleterre et les Dupond/Dupont ...................... le prix des vêtements au Royaume Uni et en Australie.

**2. Note ici les adjectifs que tu reconnais :** ....................................................................................... .

Prononce-les et écris le nombre de syllabes à côté de chaque adjectif.

**3. Observe les phrases et complète la règle :**

En anglais, pour ................ deux éléments,
on peut utiliser le comparatif de supériorité.
Pour les adjectifs courts (1 à 2 syllabes),
on ajoute ....... à l'adjectif + ................
Pour les adjectifs ................, on met ................
devant l'adjectif + ................

**4. Regarde maintenant les exemples en bas de la p. 128 et complète :**

Quand les adjectifs se terminent par une voyelle suivie d'une ................., celle-ci est doublée.

Quand les adjectifs terminent par -y, le -y est remplacé par .....

## Speaking

Élève-audio · Classe 2-53-55 Book p. 119

### 5 Pronunciation

**a. La terminaison *-er***

1. Écoute les mots suivants, souligne leur syllabe accentuée et trouve l'animal phonétique correspondant.

cheaper •

bigger •

shorter •

2. Écoute à nouveau ces mots : quel animal phonétique correspond au son de *-er*?

La terminaison *-er* se prononce avec le son

.................................

3. Répète ces mots en faisant attention à bien les prononcer, puis place-les dans ton *Phonetic zoo.* WB p. 140

**b. *More/than***

1. Entoure la bonne prononciation pour les mots suivants en gras :
That's cheaper **than** in Australia. Clothes are **more** expensive over there.

more /mɔː/ /məʊ/ than /ðən/ /zən/

2. Répète ces deux phrases en faisant attention à la prononciation de *more* et *than.*

### 6 Conversation

Prepare your challenge

**a. Écoute la conversation entre Jack et la serveuse et complète le texte avec des expressions utiles dans un magasin.**

JACK: Hi, .......'d ........... two cups of tea and a lemon cupcake ...........

LADY: ................................................................................................ .

JACK: (bruit de monnaie jetée sur le comptoir) ...............................................!

LADY: ................................................................................................ .

**b. Complète le tableau et prépare la conversation.**

| expressions pour demander quelque chose poliment | expressions pour remercier | expression lorsqu'on donne de l'argent |
|---|---|---|
| – ........................................ | – ........................................ | – ........................................ |
| – ........................................ | – ........................................ | |

# Practising is fun!

Book p. 120

## 1 I went to the shops.

**b.** **Match each adjective with its opposite.**

| | |
|---|---|
| small • | • fast |
| scary • | • chic |
| slow • | • cheap |
| casual • | • big |
| expensive • | • funny |
| popular • | • unpopular |

## 2 It's a crazy world!

**Write as many sentences as you can. Usually…**

**a.** ..................................................................................................................

..................................................................................................................

**b.** ..................................................................................................................

**c.** ..................................................................................................................

..................................................................................................................

**d.** ..................................................................................................................

## 3 At the souvenir shop

Prepare your challenge

**a.** **Fix a price for each souvenir in your list and fill in the price tags.**
**Remember: No souvenir costs more than A$10.**

Pupil A:

Pupil B:

**b.** Play "The price is right!" and find the prices of the souvenirs in your classmate's list.

## Grammar is easy!

Book p. 121

### 2-3 Le comparatif

Prepare your challenge

**Aide Andrew à choisir le meilleur rapport qualité prix pour son matériel de boxe à l'aide du comparateur de prix.**

| | Jump Sports | + | | Kangathlon | + | |
|---|---|---|---|---|---|---|
| boxing gloves | £19.90 | resistant | | £15.50 | nice (colour) | |
| shoes | £35.50 | original | | £40.00 | comfortable | |
| boxing training trousers | £19.90 | comfortable | | £13.00 | fashionable | |
| punching bag | £49.90 | light | | £45.30 | heavy | |

**a.** **Indique si les adjectifs du tableau sont courts (C) ou longs (L).**

**b.** **Rédige huit phrases pour comparer les deux magasins. N'oublie pas les règles orthographiques.**

Ex. *At Jump Sports, boxing gloves are more expensive than at* Kangathlon. *They are also more resistant.*

1. ..................................................
2. ..................................................
3. ..................................................
4. ..................................................
5. ..................................................
6. ..................................................
7. ..................................................
8. ..................................................

## 1 Fun with words

**Remets les lettres dans l'ordre et vérifie si Andrew a les bons souvenirs.**

**Lequel n'est pas sur la liste ?** ........................

KRGYIEN ..............................

GMU ..............................

BGOMONARE ..............................

## 2 Fun with sounds

Élève-audio Class 2-58

**Répète le poème plusieurs fois sans bafouiller.**

Betty Botter bought some butter,
"But," she said, "this butter's bitter;
If I put it in my batter,
It will make my batter bitter."

## 3 Fun with grammar

**Trouve le personnage qui est décrit ci-dessous :**

His T-shirt is more fashionable than Andrew's. He's wearing bigger glasses than Bruce's and he's smaller than Stacy.

..............................

**1.** Écris les mots que tu as appris dans le bon pétale.

Clothes

Money

Actions

Let's go shopping!

Lessons 1-2

Food and drinks

Souvenirs

Description (adjectives)

**2.** Lisez votre liste de mots pendant 2 minutes. Fermez le Workbook. Le professeur donne 3 lettres. Vous avez 3 minutes pour restituer un maximum de mots commençant par les lettres choisies. Le gagnant est celui qui a écrit un maximum de mots correctement.

# Safari final comes to London

Cousins : Episode 11

## Understanding

Book p. 127

### 3 Identify the situation.

**a.** Say what the prizes of the final were. Circle the correct answers.

**b.** Copy the sentence from the text that helped you find the answer.

..........................................................................................

### 4 Find more clues.

**a.** When did the final take place?

Identify all the words expressing time: ..........................................

Which words correspond to the following pictures?

.......................................... ..........................................

**b.** Who participated in the final?

**1.** Circle the participants in the final.

2. Copy the sentence(s) from the text that helped you understand and underline the keywords justifying your answer.

........................................................................................................................

........................................................................................................................

........................................................................................................................

**c. What instructions were given to the participants?**

Read paragraph 2 again. What was the participants' mission?

........................................................................................................................

**d. Find the characters' itinerary.**

1. Draw the itinerary of team A (Jack, Katie and Tom) in red, team B in blue, team C in green.

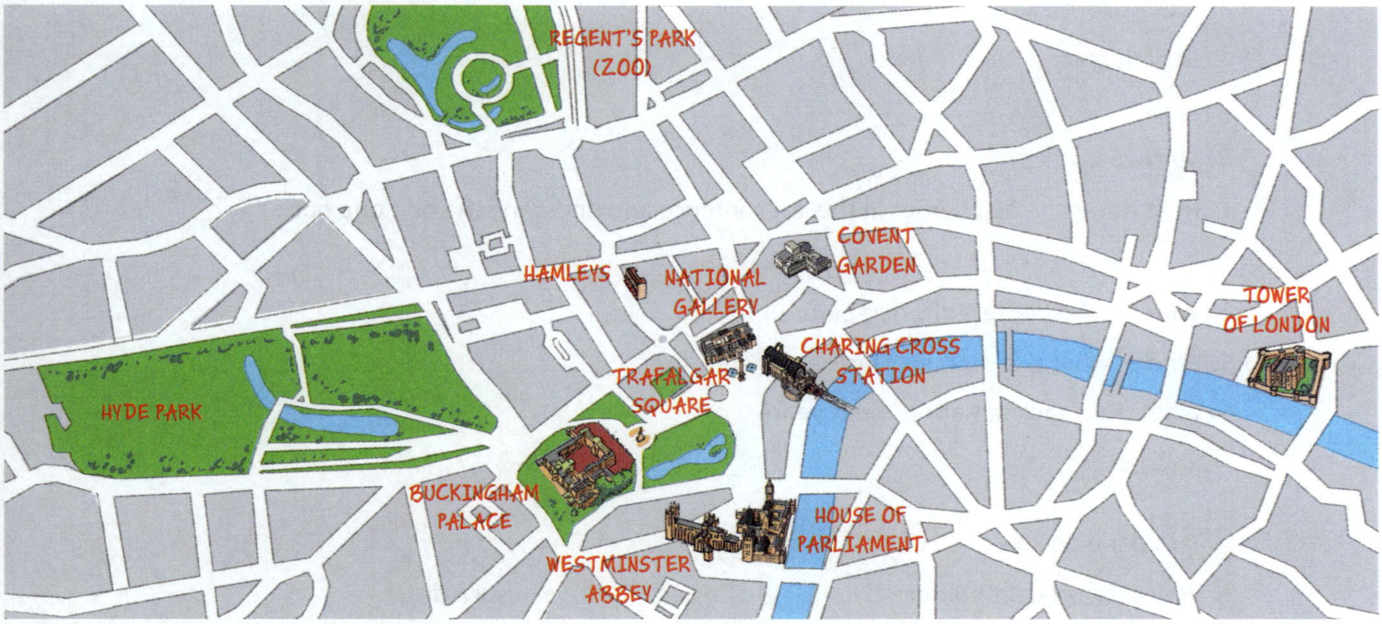


2. Match the places and the elements.

Hamleys toy store •  •  

Tower of London •  •  

Zoo •  •  

Trafalgar Square •  •  ?

**e. Read paragraph 4 again, look at your Tube map and complete the sentences.**

They got on at ........................ and got off at Charing Cross.

They probably took the ........................ line in the direction of ........................

and changed at ........................ to take the ........................ line in the direction of ........................

**Well done! Now you can draw the last animal.** WB Tests + tasks p. 30

## 5 Go further.

**a. How did the winners express their excitement?**

Pay attention to:

1. Punctuation: ........................
2. Jack's expressions: ........................
3. Repetitions: ........................

........................

**b. Uncle Sam.**

1. Note down the first names in the last sentence and underline the odd one out.

........................

2. Write the first letters of Uncle Sam: ........................
3. Who or what do you think Uncle Sam refers to? ........................

**c. What does Jack say about next year?**

........................

Jack parle de ........................

Pour cela, on peut utiliser ........................ suivi de ........................

Culture page

# London

Prepare your challenge

Book p. 128-129

**2. Find the Tube stations corresponding to the places in your book.**

| Places | UNDERGROUND | Places | UNDERGROUND |
|---|---|---|---|
| Hamleys | ........................ | Green Park | ........................ |
| Trafalgar Square | ........................ | Kensington Gardens | ........................ |
| The Tower of London | ........................ | Buckingham Palace | ........................ |
| Hyde Park | ........................ | Westminster Palace | ........................ |
| Regent's Park | ........................ | The Olympic Park | ........................ |
| Saint James's Park | ........................ | | |

# Your challenge!

Book p. 129

Prepare your audio guide. B2i 3.3

**a.** Fill in the chart.

| | places | interest (copy the information you want to give) |
|---|---|---|
| | First we're going to start with ........................ *(name of the place)* | ........................ ........................ ........................ |
| transport to place 1 | We're going to walk/take the ........................ between ........................ and ........................ | |
| | Then we're going to visit ........................ | ........................ ........................ ........................ |
| transport to place 2 | We're going to ........................ ........................ | |
| | Then ........................ | ........................ ........................ ........................ |
| transport to place 3 | ........................ ........................ | |
| | Finally ........................ | ........................ ........................ ........................ |

**b.** Copy the important words and practise your speech.

First we're going to start with…

– ........................

– ........................

– ........................

## 1 Fun with words

**Retrouve les dix mots cachés dans cette valise.**

1. ........................................
2. ........................................
3. ........................................
4. ........................................
5. ........................................
6. ........................................
7. ........................................
8. ........................................
9. ........................................
10. ........................................

## 2 Fun with sounds

Élève-audio — Classe 2-59

**Écoute de nouveau la chanson de l'épilogue et retrouve les mots dans lesquels on entend les sons suivants.**

|  /iː/ |  /ɪ/ |  /eɪ/ |  /aɪ/ |
|---|---|---|---|
| .............. | .............. | .............. | .............. |
| .............. | .............. | .............. | .............. |
| .............. | .............. | .............. | .............. |
| .............. | .............. | .............. | .............. |
| .............. | .............. | .............. | .............. |

## 3 Fun with grammar

**Entoure l'intrus dans chaque ligne puis retrouve le message caché.**

1. I – we – he – Andrew – she – they
2. take – wave – go – surf – is – swim
3. likes – plays – going – goes – watches – drinks
4. the – a – to – some – any – an
5. surfing – being – seeing – singing – take – riding
6. behind – in – on – from – to – a
7. USA – France – holiday – Britain – Italy Ireland

**Message caché :**

........................................................................

**1.** Écris les mots que tu as appris dans le bon pétale.

Past actions

Places in London

Seaside

Epilogue

Safari final

Moving

Transparent words A - I

Transparent words J - Z

**2.** Memory game. Avec votre voisin vous allez regarder les mots pendant 1 minute puis fermer votre workbook. Ensuite vous aurez 4 minutes maximum pour écrire le plus grand nombre de mots correctement. Celui/celle qui aura le plus de mots correctement écrits remportera le défi.

# Phonetic zoo

cat /æ/

duck /ʌ/

shark /ɑ:/

hen /e/

sheep /i:/

**fish** /ɪ/

**dog** /ɒ/

**horse** /ɔ:/

**moose** /u:/

**bull** /ʊ/

# Phonetic zoo

b**ir**d /ɜː/

eleph**a**nt /ə/

wh**a**le /eɪ/

fl**y** /aɪ/

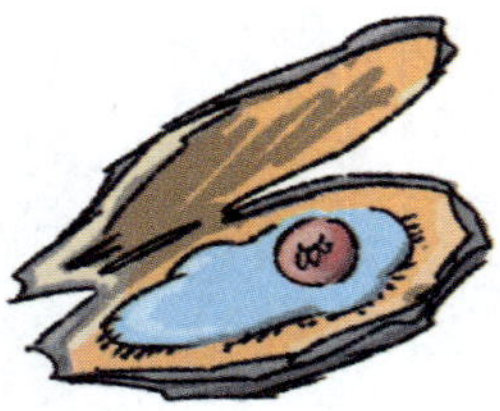

**oy**ster /ɔɪ/

**goat** /əʊ/

**mouse** /aʊ/

**deer** /ɪə/

**bear** /eə/

**poor** Andrew /ʊə/

**h**ippopotamus /h/

## Crédits photographiques

**14 bas g** Ph. © Andres Kudacki / CORBIS
**14 bas m** Ph. © Kurt Krieger / CORBIS
**14 bas d** Ph. © Bernard Brun / Images Factory /CORBIS
**16 ht g** Ph. © Keith Lanpher / GETTY IMAGES
**16 ht m** Ph. © Frederic / FOTOLIA
**16 ht d** Ph. © Droits Réservés / Archives Larbor
**16 m hg** Ph. © Awenart / FOTOLIA
**16 m bg** Ph. © Annie Belt / CORBIS
**16 m bd** Ph. © DomLortha / FOTOLIA
**16 bas m** Ph. © Yuri Arcurs / FOTOLIA
**16 bas d** BIS / Ph. Christopher Loneragan © Archives Sejer
**19 ht** 1. Ph. © BCA / RUE DES ARCHIVES
**19** 2. Ph. © DLM Press
**19** 3. Ph. © EFE / SIPA PRESS
**19** 4. Ph. © Columbia / Revolution Studios / Kobal / THE PICTURE DESK
**19** 5. Ph. © Eddie Mulholland / Rex Features / SIPA PRESS
**20** Et repris P. 20 htd ; mm ; bg ; bd Ph. © PHOTO12.COM
**22** Ph. © Ima Kuroda / Hollywood news Wire / Picturelux / BUREAU 233
**24** Et P. 25 ; P. 38 Ph. © Droits Réservés
**47 ht g** Ph. © Nicholas Pitt - ALAMY / HEMIS
**47 ht d** Ph. © Blaine Harrington III - ALAMY / HEMIS
**47 bas g** Ph. © Photolibrary / GETTY IMAGES
**47 bas d** Ph. © Photolibrary / GETTY IMAGES
**51** Ph. © Droits Réservés
**64** Et P. 65 Ph. © Droits Réservés
**76** Ph. © Droits Réservés
**91 ht g** Ph. © Evgeny Gultyaev / FOTOLIA
**91 m g** Et repris P. 107-2 / P. 108-6 Ph. © Scalaphotography / FOTOLIA
**91 bas g** Et repris P. 108-3 Ph. © CenturionStudio.it / FOTOLIA
**91 bas d** Ph. © Droits Réservés
**104** Ph. © Droits Réservés
**105** Ph. © Droits Réservés
**107** 1. Et repris P. 108-1 Ph. © Coward Lion / FOTOLIA
**107** 2. Ph. © Artmim / FOTOLIA
**107** 3. Ph. © James Steidl / FOTOLIA
**107** 4. Et repris P. 108-5 Ph. © Mipan / FOTOLIA
**107** 5. Et repris P. 108-4 Ph. © Dmtri Mikitenko / FOTOLIA
**119** Ph. © Droits Réservés
**120** Ph. © Droits Réservés
**121** Ph. © Droits Réservés
**124 bas g** Et repris sur la même page B. mg ; B. md ; B.g Ph. © C / FOTOLIA
**124 ht g** Ph. © Creativ studio Heinem / AGE FOTOSTOCK
**124 m hg** Ph. © Martin Moxter / AGE FOTOSTOCK
**124 m hd** Ph. © Joe Fox / FOTOLIA
**124 ht d** Ph. © Creativ Studio Heinem / FOTOLIA

**Crédits captures d'écran** Material reproduced as stills from the DVD-ROM in this workbook are reproduced from *More!* Level 1 DVD (ISBN 9780521712996) with the kind permission of Cambridge University Press and Helbling Languages GmbH.

**Édition :** Jeanette Rajadel, assistée de Caroline Menault
**Direction éditoriale :** Véronique Gilles de la Londe
**Conception graphique et réalisation :** Anne-Danielle Naname, Adeline Calame, Juliette Lancien
**Couverture :** Anne-Danielle Naname
**Illustration :** Frédérique Vayssières et Grégoire Berquin
**Direction artistique :** PierreTaillemite
**Iconographie :** Valérie Vidal
**Cartographie :** Édigraphie ; Coredoc
**Fabrication :** Françoise Leroy
**Gravure :** Anne-Danielle Naname – Tin Cuadra

MIXTE
Papier issu de sources responsables
FSC® C022030

732893
10198798
JUILLET 2013
IMPRIME EN Italie
PAR ROTOLITO LOMBARDA